U0074522

心一堂術數古籍珍本叢刊

書名：千里命鈔
系列：心一堂術數古籍珍本叢刊　星命類　第二輯　139
作者：韋千里　撰
主編、責任編輯：陳劍聰
心一堂術數古籍珍本叢刊編校小組：陳劍聰　素聞　梁松盛　鄒偉才　虛白盧主

出版：心一堂有限公司
通訊地址：香港九龍旺角彌敦道六一〇號荷李活商業中心十八樓〇五－〇六室
深港讀者服務中心：中國深圳市羅湖區立新路六號羅湖商業大廈負一層零零八號
電話號碼：(852)6715-0840
網址：publish.sunyata.cc
電郵：sunyatabook@gmail.com
網上書店：http://book.sunyata.cc
淘寶店地址：https://shop210782774.taobao.com
微店地址：https://weidian.com/s/1212826297
臉書：https://www.facebook.com/sunyatabook
讀者論壇：http://bbs.sunyata.cc/

版次：二零一八年一月初版
平裝

定價：港幣　二百六十八元正
新台幣　九百九十八元正

國際書號：ISBN 978-988-8317-95-0

版權所有　翻印必究

香港發行：香港聯合書刊物流有限公司
地址：香港新界大埔汀麗路三十六號中華商務印刷大廈三樓
電話號碼：(852)2150-2100
傳真號碼：(852)2407-3062
電郵：info@suplogistics.com.hk

台灣發行：秀威資訊科技股份有限公司
地址：台灣台北市內湖區瑞光路七十六巷六十五號一樓
電話號碼：+886-2-2796-3638
傳真號碼：+886-2-2796-1377
網絡書店：www.bodbooks.com.tw
台灣國家書店讀者服務中心：
地址：台灣台北市中山區松江路二〇九號一樓
電話號碼：+886-2-2518-0207
傳真號碼：+886-2-2518-0778
網絡書店：http://www.govbooks.com.tw

中國大陸發行・零售：深圳心一堂文化傳播有限公司
深圳地址：深圳市羅湖區立新路六號羅湖商業大廈負一層零零八號
電話號碼：(86)0755-82224934

心一堂微店二維碼

心一堂淘寶店二維碼

心一堂術數古籍珍本叢刊 總序
整理

術數定義

術數，大概可謂以「推算（推演）、預測人（個人、群體、國家等）、事、物、自然現象、時間、空間方位等規律及氣數，並或通過種種『方術』，從而達致趨吉避凶或某種特定目的」之知識體系和方法。

術數類別

我國術數的內容類別，歷代不盡相同，例如《漢書・藝文志》中載，漢代術數有六類：天文、曆譜、五行、蓍龜、雜占、形法。至清代《四庫全書》，術數類則有：數學、占候、相宅相墓、占卜、命書、相書、陰陽五行、雜技術等，其他如《後漢書・方術部》、《藝文類聚・方術部》、《太平御覽・方術部》等，對於術數的分類，皆有差異。古代多把天文、曆譜、及部分數學均歸入術數類，而民間流行亦視傳統醫學作為術數的一環；此外，有些術數與宗教中的方術亦往往難以分開。現代民間則常將各種術數歸納為五大類別：命、卜、相、醫、山，通稱「五術」。

本叢刊在《四庫全書》的分類基礎上，將術數分為九大類別：占筮、星命、相術、堪輿、選擇、三式、讖諱、理數（陰陽五行）、雜術（其他）。而未收天文、曆譜、算術、宗教方術、醫學。

術數思想與發展——從術到學，乃至合道

我國術數是由上古的占星、卜筮、形法等術發展下來的。其中卜筮之術，是歷經夏商周三代而通過「龜卜、蓍筮」得出卜（筮）辭的一種預測（吉凶成敗）術，之後歸納並結集成書，此即現傳之《易

經》。經過春秋戰國至秦漢之際，受到當時諸子百家的影響、儒家的推崇，遂有《易傳》等的出現，原本是卜筮術書的《易經》，被提升及解讀成有包涵「天地之道（理）」之學。因此，《易·繫辭傳》曰：「易與天地準，故能彌綸天地之道。」

漢代以後，易學中的陰陽學說，與五行、九宮、干支、氣運、災變、律曆、卦氣、讖緯、天人感應說等相結合，形成易學中象數系統。而其他原與《易經》本來沒有關係的術數，如占星、形法、選擇，亦漸漸以易理（象數學說）為依歸。《四庫全書·易類小序》云：「術數之興，多在秦漢以後。要其旨，不出乎陰陽五行，生尅制化。實皆《易》之支派，傳以雜說耳。」至此，術數可謂已由「術」發展成「學」。

及至宋代，術數理論與理學中的河圖洛書、太極圖、邵雍先天之學及皇極經世等學說給合，通過術數以演繹理學中「天地中有一太極，萬物中各有一太極」（《朱子語類》）的思想。術數理論不單已發展至十分成熟，而且也從其學理中衍生一些新的方法或理論，如《梅花易數》、《河洛理數》等。

在傳統上，術數功能往往不止於僅僅作為趨吉避凶的方術，及「能彌綸天地之道」的學問，亦有其「修心養性」的功能，「與道合一」（修道）的內涵。《素問·上古天真論》：「上古之人，其知道者，法於陰陽，和於術數。」數之意義，不單是外在的算數、歷數、氣數，而是與理學中同等的「道」、「理」—心性的功能，北宋理氣家邵雍對此多有發揮：「聖人之心，是亦數也」、「萬化萬事生乎心」、「心為太極」。《觀物外篇》：「先天之學，心法也。……蓋天地萬物之理，盡在其中矣，心一而不分，則能應萬物。」反過來說，宋代的術數理論，受到當時理學、佛道及宋易影響，認為心性本質上是等同天地之太極。天地萬物氣數規律，能通過內觀自心而有所感知，即是內心也已具備有術數的推演及預測、感知能力；相傳是邵雍所創之《梅花易數》，便是在這樣的背景下誕生。

《易·文言傳》已有「積善之家，必有餘慶；積不善之家，必有餘殃」之說，至漢代流行的災變說及讖緯說，我國數千年來都認為天災，異常天象（自然現象），皆與一國或一地的施政者失德有關；下至家族、個人之盛衰，也都與一族一人之德行修養有關。因此，我國術數中除了吉凶盛衰理數之外，人心的德行修養，也是趨吉避凶的一個關鍵因素。

術數與宗教、修道

在這種思想之下，我國術數不單只是附屬於巫術或宗教行為的方術，又往往是一種宗教的修煉手段--通過術數，以知陰陽，乃至合陰陽（道）。「其知道者，法於陰陽，和於術數。」例如，「奇門遁甲」術中，即分為「術奇門」與「法奇門」兩大類。「法奇門」中有大量道教中符籙、手印、存想、內煉的內容，是道教內丹外法的一種重要外法修煉體系。甚至在雷法一系的修煉上，亦大量應用了術數內容。此外，相術、堪輿術中也有修煉望氣（氣的形狀、顏色）的方法；堪輿家除了選擇陰陽宅之吉凶外，也有道教中選擇適合修道環境（法、財、侶、地中的地）的方法，以至通過堪輿術觀察天地山川陰陽之氣，亦成為領悟陰陽金丹大道的一途。

易學體系以外的術數與的少數民族的術數

我國術數中，也有不用或不全用易理作為其理論依據的，如揚雄的《太玄》、司馬光的《潛虛》。也有一些占卜法、雜術不屬於《易經》系統，不過對後世影響較少而已。

外來宗教及少數民族中也有不少雖受漢文化影響（如陰陽、五行、二十八宿等學說。）但仍自成系統的術數，如古代的西夏、突厥、吐魯番等占卜及星占術，藏族中有多種藏傳佛教占卜術、苯教占卜術、擇吉術、推命術、相術等；北方少數民族有薩滿教占卜術；不少少數民族如水族、白族、布朗族、佤族、彝族、苗族等，皆有占雞（卦）草卜、雞蛋卜等術，納西族的占星術、占卜術，彝族畢摩的推命術、占卜術……等等，都是屬於《易經》體系以外的術數。相對上，外國傳入的術數以及其理論，對我國術數影響更大。

曆法、推步術與外來術數的影響

我國的術數與曆法的關係非常緊密。早期的術數中，很多是利用星宿或星宿組合的位置（如某星在某州或某宮某度）付予某種吉凶意義，并據之以推演，例如歲星（木星）、月將（某月太陽所躔之宮次）等。不過，由於不同的古代曆法推步的誤差及歲差的問題，若干年後，其術數所用之星辰的位置，已與真實星辰的位置不一樣了；此如歲星（木星），早期的曆法及術數以十二年為一周期（以應地支），與木星真實周期十一點八六年，每幾十年便錯一宮。後來術家又設一「太歲」的假想星體來解決，是歲星運行的相反，週期亦剛好是十二年。而術數中的神煞，很多即是根據太歲的位置而定。又如六壬術中的「月將」，原是立春節氣後太陽躔娵訾之次而稱作「登明亥將」，至宋代，因歲差的關係，要到雨水節氣後太陽才躔娵訾之次，當時沈括提出了修正，但明清時六壬術中「月將」仍然沿用宋代沈括修正的起法沒有再修正。

由於以真實星象周期的推步術是非常繁複，而且古代星象推步術本身亦有不少誤差，大多數術數除依曆書保留了太陽（節氣）、太陰（月相）的簡單宮次計算外，漸漸形成根據干支、日月等的各自起例，以起出其他具有不同含義的眾多假想星象及神煞系統。唐宋以後，我國絕大部分術數都主要沿用這一系統，也出現了不少完全脫離真實星象的術數，如《子平術》、《紫微斗數》、《鐵版神數》等。後來就連一些利用真實星辰位置的術數，如《七政四餘術》及選擇法中的《天星選擇》，也已與假想星象及神煞混合而使用了。

隨着古代外國曆（推步）、術數的傳入，如唐代傳入的印度曆法及術數，元代傳入的回回曆等，其中我國占星術便吸收了印度占星術中羅睺星、計都星等而形成四餘星，又通過阿拉伯占星術而吸收了其中來自希臘、巴比倫占星術的黃道十二宮、四大（四元素）學說（地、水、火、風），並與我國傳統的二十八宿、五行說、神煞系統並存而形成《七政四餘術》。此外，一些術數中的北斗星名，不用我國傳統的星名：天樞、天璇、天璣、天權、玉衡、開陽、搖光，而是使用來自印度梵文所譯的：貪狼、巨門、祿存、文曲，廉貞、武曲、破軍等，此明顯是受到唐代從印度傳入的曆法及占星術所影響。如星命術中的《紫微斗數》及堪輿術中的《撼龍經》等文獻中，其星皆用印度譯名。及至清初《時憲曆》，置閏之法則改用西法「定氣」。清代以後的術數，又作過不少的調整。

此外，我國相術中的面相術、手相術，唐宋之際受印度相術影響頗大，至民國初年，又通過翻譯歐西、日本的相術書籍而大量吸收歐西相術的內容，形成了現代我國坊間流行的新式相術。

陰陽學——術數在古代、官方管理及外國的影響

術數在古代社會中一直扮演着一個非常重要的角色，影響層面不單只是某一階層、某一職業、某一年齡的人，而是上自帝王，下至普通百姓，從出生到死亡，不論是生活上的小事如洗髮、出行等，大事如建房、入伙、出兵等，從個人、家族以至國家，從天文、氣象、地理到人事、軍事，從民俗、學術到宗教，都離不開術數的應用。我國最晚在唐代開始，已把以上術數之學，稱作陰陽（學），行術數者稱陰陽人。（敦煌文書、斯四三二七唐《師師漫語話》：「以下說陰陽人謾語話」，此說法後來傳入日本，今日本人稱行術數者為「陰陽師」）。一直到了清末，欽天監中負責陰陽術數的官員中，以及民間術數之士，仍名陰陽生。

古代政府的中欽天監（司天監），除了負責天文、曆法、輿地之外，亦精通其他如星占、選擇、堪輿等術數，除在皇室人員及朝庭中應用外，也定期頒行日書、修定術數，使民間對於天文、日曆用事吉凶及使用其他術數時，有所依從。

我國古代政府對官方及民間陰陽學及陰陽官員，從其內容、人員的選拔、培訓、認證、考核、律法監管等，都有制度。至明清兩代，其制度更為完善、嚴格。

宋代官學之中，課程中已有陰陽學及其考試的內容。（宋徽宗崇寧三年〔一一零四年〕崇寧算學令：「諸學生習……並曆算、三式、天文書。」「諸試……三式即射覆及預占三日陰陽風雨。天文即預

定一月或一季分野災祥，並以依經備草合問為通。」

金代司天臺，從民間「草澤人」（即民間習術數人士）考試選拔：「其試之制，以《宣明曆》試推步，及《婚書》、《地理新書》試合婚、安葬，並《易》筮法，六壬課、三命、五星之術。」（《金史》卷五十一・志第三十二・選舉一）

元代為進一步加強官方陰陽學對民間的影響、管理、控制及培育，除沿襲宋代、金代在司天監掌管陰陽學及中央的官學陰陽學課程之外，更在地方上增設陰陽學課程（《元史・選舉志一》：「世祖至元二十八年夏六月始置諸路陰陽學。」）地方上也設陰陽學教授員，培育及管轄地方陰陽人。（《元史・選舉志一》：「（元仁宗）延祐初，令陰陽人依儒醫例，於路、府、州設教授員，凡陰陽人皆管轄之，而上屬於太史焉。」）自此，民間的陰陽術士（陰陽人），被納入官方的管轄之下。

至明清兩代，陰陽學制度更為完善。中央欽天監掌管陰陽學，明代地方縣設陰陽學正術，各州設陰陽學典術，各縣設陰陽學訓術。陰陽人從地方陰陽學肄業或被選拔出來後，再送到欽天監考試。（《大明會典》卷二二三：「凡天下府州縣舉到陰陽人堪任正術等官者，俱從吏部送（欽天監），考中，送回選用；不中者發回原籍為民，原保官吏治罪。」）清代大致沿用明制，凡陰陽術數之流，悉歸中央欽天監及地方陰陽官員管理、培訓、認證。至今尚有「紹興府陰陽印」、「東光縣陰陽學記」等明代銅印，及某某縣某某之清代陰陽執照等傳世。

清代欽天監漏刻科對官員要求甚為嚴格。《大清會典》「國子監」規定：「凡算學之教，設肄業生。滿洲十有二人，蒙古、漢軍各六人，於各旗官學內考取。漢十有二人，於舉人、貢監生童內考取。附學生二十四人，由欽天監選送。教以天文演算法諸書，五年學業有成，舉人引見以欽天監博士用，貢監生童以天文生補用。」學生在官學肄業、貢監生肄業或考得舉人後，經過了五年對天文、算法、陰陽學的學習，其中精通陰陽術數者，會送往漏刻科。而在欽天監供職的官員，《大清會典則例》「欽天監」規定：「本監官生三年考核一次，術業精通者，保題升用。不及者，停其升轉，再加學習。如能黽勉供職，即予開復。仍不及者，降職一等，再令學習三年，能習熟者，准予開復，仍不能者，黜退。」除定期考核以定其升用降職外，《大清律例》中對陰陽術士不準確的推斷（妄言禍福）是要治罪的。《大清律例・一七八・術七・妄言禍福》：「凡陰陽術士，不許於大小文武官員之家妄言禍福，違者杖一百。其依經推算星命卜課，不在禁限。」大小文武官員延請的陰陽術士，自然是以欽天監漏刻科官員或地方陰陽官員為主。

官方陰陽學制度也影響鄰國如朝鮮、日本、越南等地，一直到了民國時期，鄰國仍然沿用着我國的多種術數。而我國的漢族術數，在古代甚至影響遍及西夏、突厥、吐蕃、阿拉伯、印度、東南亞諸國。

術數研究

術數在我國古代社會雖然影響深遠，「是傳統中國理念中的一門科學，從傳統的陰陽、五行、九宮、八卦、河圖、洛書等觀念作大自然的研究。……傳統中國的天文學、數學、煉丹術等，要到上世紀中葉始受世界學者肯定。可是，術數還未受到應得的注意。術數在傳統中國科技史、思想史，文化史、社會史，甚至軍事史都有一定的影響。……更進一步了解術數，我們將更能了解中國歷史的全貌。」（何丙郁《術數、天文與醫學中國科技史的新視野》，香港城市大學中國文化中心。）

可是術數至今一直不受正統學界所重視，加上術家藏秘自珍，又揚言天機不可洩漏，「（術數）乃吾國科學與哲學融貫而成一種學說，數千年來傳衍嬗變，或隱或現，全賴一二有心人為之繼續維繫，賴以不絕，其中確有學術上研究之價值，非徒癡人說夢，荒誕不經之謂也。其所以至今不能在科學中成立一種地位者，實有數因。蓋古代士大夫階級目醫卜星相為九流之學，多恥道之；而發明諸大師又故為惝恍迷離之辭，以待後人探索；間有一二賢者有所發明，亦秘莫如深，既恐洩天地之秘，復恐譏為旁門左道，始終不肯公開研究，成立一有系統說明之書籍，貽之後世。故居今日而欲研究此種學術，實一極困難之事。」（民國徐樂吾《子平真詮評註》，方重審序）

現存的術數古籍，除極少數是唐、宋、元的版本外，絕大多數是明、清兩代的版本。其內容也主要是明、清兩代流行的術數，唐宋或以前的術數及其書籍，大部分均已失傳，只能從史料記載、出土文獻、敦煌遺書中稍窺一鱗半爪。

術數版本

坊間術數古籍版本，大多是晚清書坊之翻刻本及民國書賈之重排本，其中豕亥魚魯，或任意增刪，往往文意全非，以至不能卒讀。現今不論是術數愛好者，還是民俗、史學、社會、文化、版本等學術研究者，要想得一常見術數書籍的善本、原版，已經非常困難，更遑論如稿本、鈔本、孤本等珍稀版本。在文獻不足及缺乏善本的情況下，要想對術數的源流、理法、及其影響，作全面深入的研究，幾不可能。

有見及此，本叢刊編校小組經多年努力及多方協助，在海內外搜羅了二十世紀六十年代以前漢文為主的術數類善本、珍本、鈔本、孤本、稿本、批校本等數百種，精選出其中最佳版本，分別輯入兩個系列：

一、心一堂術數古籍珍本叢刊

二、心一堂術數古籍整理叢刊

前者以最新數碼（數位）技術清理、修復珍本原本的版面，更正明顯的錯訛，部分善本更以原色彩色精印，務求更勝原本。并以每百多種珍本、一百二十冊為一輯，分輯出版，以饗讀者。

後者延請、稿約有關專家、學者，以善本、珍本等作底本，參以其他版本，古籍進行審定、校勘、注釋，務求打造一最善版本，方便現代人閱讀、理解、研究等之用。

限於編校小組的水平，版本選擇及考證、文字修正、提要內容等方面，恐有疏漏及舛誤之處，懇請方家不吝指正。

心一堂術數古籍 珍本 整理 叢刊編校小組

二零零九年七月序

二零一四年九月第三次修訂

唐序

昔人云温古而知新。又云舊書不厭百回讀。凡百學術。琢磨之功非一朝一夕之烈也。子平雖小道。亦有可觀。欲求登峯造極。亦非朝發而能夕至。必也歷盡前人已闢之徑途。然後百尺竿頭更進一步。故未究而新是求則蹈虛之弊不免矣。　韋子命鈔之作。雖似守舊。鑽於故紙堆中。然條分縷析。使五行六神之妙用昭然若揭。朗若列眉。洞若觀火。便於學者。豈淺鮮哉。前人平章命造。以任鐵樵氏滴天髓註所載最足珍貴。以其經驗富而所造純也。今更加之分析。使崑山鄧林之珍。益顯光彩。為學者開不二法門。單刀直入。芟棄蔓蕪。不覺拊掌稱快。　韋子述作之功不可泯矣。吾自庚辰識　韋子。覺其學醇而行謙。誠彬彬君子者流也。其談命一本正學。氣象莊正。非若江湖之徒。隨機逢迎。探人意旨。支離曲解。卑卑然以博俗子之歡笑。為營業得計者。然則其人品之高逸。猶鶴之立於雞羣。其致遠矣。曩讀其命學講義。確為入門之津梁。渡海之南針。又讀其命稿。學識兼優。詞藻清麗。猶其餘事。又讀其批稿。簡潔明淨。論斷確鑿。皆前古所未有之傑作也。廣告欺人。究不及實學湛深。真力彌滿。觀　韋子之室。垂問者若過江之鯽。戶限為穿。可以悟矣。近且欲另立分館。使一部問津者。稍免跋涉。多隨實增。而性愈恭。行愈謙。孜孜然仍以研究學術爲重．若自視仍不足者．好學有得．乃屢屢有著作問世．豈淺學之士．稍嘗一臠．卽傲慢自棄者所可同日語哉．韋子本人祿命甚佳．可以取富貴如拾芥．奈何安守硯田．以事筆耕．雖判决休咎．亦足以福世人．然吾總爲國家惜此材也．

辛巳季夏無錫唐志軒序於上海

自序

昔人惜三冬之晷刻。訪二酉之幽深。展玩縹緗。組織經緯。寶劍加之淬礪。良弓施以榜檠。櫝玉旣陳。鬘珠乃得。莫不布濩華實。昭晰精麤。披沙檢金。餐英芟穢。劄記以策十駕。漫鈔亦成一家。温古知新。藏山問世。余才謝虛中。識慚珞琭。綴子平之正脈。覽八字之全書。學下於儒林。志存乎方技。雖以易窮之鼫鼠。欲爲嗚吼之鯨魚。咀嚼道腴。竊符囊哲。收羅雜汞。實爲還丹。採擷繁花。蓋緣釀蜜。螢照月映。陳書憐獺祭之斑斑。蠹落芸熏。修業同蠶食之細細。寒暑屢易。抄掇不停。雖未汗牛。亦已累牘。懷鉛握槧。交知己於燈檠。冥想覃思。吸風雷於橐籥。自珍敝帚。視等青氈。愧博虛聲。承責獻曝。不掩葑識。聊貢菲微。提要鈎玄。略加董理。測蠡窺管。更附討論。就正高明。付諸剞劂。夫雖小道。亦足可觀。況洞達乎天人。窺稽乎神鬼。探陰陽之浩浩。括理氣之悠悠。刻篆工深。斲輪心悟。從無入有。亭毒羣倫。知命樂天。祺韡一世。功歸養性。學斷通神。絕學操張。是惟粃導云爾。

民國三十年辛巳小暑浙江嘉興韋千里識於春中

韋千里

著書

學命捷徑 **命學講義** 實售二元

評命妙諦 **命理約言** 實售八角

批命圭範 **千里命稿** 實售六角

占課必讀 **六壬祕笈** 實售二元

風鑑準繩 **現代相法** 實售六角

命理集錦 **千里命鈔** 實售三元

賣卜

談命 伍圓

批命 伍拾圓

占課 叁圓

選吉 拾圓

時間 下午三時至八時

館址 上海南京路大慶里卅四號

電話 館內九三八二一　住宅三九二五八

外埠 七天覆件　空函不答　寄費另加

千里命鈔頁次

嘉興韋千里編

卷一　五行六神篇

千里命鈔　頁次　

卷二　十干篇

千里命鈔　頁次　四

千里命鈔 九

千里命鈔　頁次

正月庚金	一三五—一三六
二月庚金	一三六—一三七
三月庚金	一三七—一三七
四月庚金	一三八—一三八
五月庚金	一三八—一三九
六月庚金	一三九—一三九
七月庚金	一四〇—一四〇
八月庚金	一四一—一四一
九月庚金	一四一—一四二
十月庚金	一四二—一四二
十一月庚金	一四二—一四三
十二月庚金	一四三—一四三
正月辛金	一四三—一四四
二月辛金	一四四—一四五
三月辛金	一四五—一四六
四月辛金	一四六—一四六
五月辛金	一四七—一四七
六月辛金	一四八—一四八
七月辛金	一四八—一四九
八月辛金	一四九—一五〇
九月辛金	一五〇—一五一
十月辛金	一五一—一五二
十一月辛金	一五二—一五三
十二月辛金	一五三—一五三
正月壬水	一五三—一五四
二月壬水	一五四—一五四

卷三 分析篇

千里命鈔 卷一

嘉興韋千里編

五行六神

命理之正宗不脫五行六神五行者金木水火土也六神者財官印食傷殺也其間各個關係前賢雖已詳論但未作有系統之記載爰不揣謭陋集其精警者分述於茲儻亦有裨學命諸君爲參考之資料歟

金

生於春月餘寒未盡貴乎火氣爲榮性柔體弱欲得厚土輔助水盛增寒難施鋒鋭之勢木旺損力有剉鈍之危金來比助扶持最妙比而無火失類非良

夏月之金尤爲柔弱形質未具尤嫌死絕火多而却爲不厭水盛而滋潤呈祥見木而助鬼傷身遇金而扶持精壯土薄而最爲有用土厚而埋沒無光

秋月之金當權得令火來煆煉遂成鍾鼎之材土多培養反惹頑濁之氣見水則精神越秀逢木則琢削

施威。金助愈剛。剛過則決。氣重愈旺。旺極則衰。

冬月之金。形寒性冷。木多則難施琢削之功。水盛而未免沉潛之患。土能制水。金體不寒。火來助土。子母成功。喜比肩聚氣相扶。欲官印温養爲利。

金主刀刃刑傷。

金其性義。

金堅主義却能爲。

庚辛局全已酉丑。位重權高。

金備申酉戌之地。富貴無虧。

秋金銳銳最爲奇。

金太過則無仁心。好鬥貪欲。

金不及則多三思。少果決。慳吝。

金實無聲。

歸金旺遇秋。名利總虛浮。

金成秀麗．桃洞之仙．
冬金坐局．斷臂流芳．
寸金尺鐵．氣用剛柔．
事能決斷．因成金氣之剛．

金與火之關係

金旺得火．方成器皿．
金極火盛．爲格最高．
金衰遇火．必見消鎔．
金堅火弱．行商販賣之人．非貧卽賤．
庚辛火盛．怕南方．遇戊己翻爲貴斷．
金堅而無火煆煉．終是凶頑．
金脆火炎．多則損己．

金輕火重煆煉消亡。
春金多火無制伏不夭卽貧。
金若逢火主大權方面刺史官。
金未成器欲得見火。
金已成器不欲見火。
金弱遇火炎之地血疾無疑。
陽金得煉太過變格奔波。
金熔烈火淹留有着。
庚辛逢火旺氣散南離。
金遇火鄉雖少壯必然挫志。
頑金無火大用不成。
金重火輕執事煩難。
金無火煉不能成器。

木火煉金。成名銳而退速。
秋金宜火以煆煉。膺紫誥以治民。
金多無火。功名蹭蹬之儒。
金逢火煉。早步金階。
譬若頑金。最喜洪爐火煆。
眞珠最怕明爐。
劍戟功成。遇火鄉而反壞。
九夏熔金。安制堅剛之木。
廢鐵銷金。豈能滋流之本。
金寒不熔。
金到火鄉。財多聚散。
金旺火盛。堅剛得制無虧。
金見丙丁則衄血。

金與水之關係

鈍金遇水逢富顯以贏餘.
金能生水水旺則金沉.
金能生水水多金沉.
金堅愛水之相涵文學堪誇.
庚辛產於夏間妙乎壬癸得局.
庚逢水重水冷金寒最喜炎熱.
白虎備潤下之水曰富曰榮.
金無水乾枯水重則沉淪無用.
一金生三水力弱難勝.
丙丁反尅庚辛壬癸遇之不畏.
強金得水方挫其鋒.

金水極清。此輩宜登甲第。
列金階而陳大計。緣柱中金水相涵。
金白水清。聰明揚達。
滿盤金水。淫邪智慧之人。
金清水冷。日鎖鸞臺。
金水聰明而好色。
金沉水。豈能剋木。

金與木之關係

金木交差。身更弱。爲技藝而招惹是非。
金木交差刑戰。仁義俱無。
出土之金。不能勝木。
金刑死木。破傷而亡。

木

木生於春。餘寒猶存。喜火温暖。則無盤屈之患。藉水資扶。而有舒暢之美。春初不宜水盛。陰濃則根損枝枯。春木陽氣煩燥。無水則葉槁根乾。是以水火兩物。既濟方佳。土多而損力。土薄則才豐。忌逢金重。傷殘剋伐。一生不閑。設使木旺。得金則良。終身獲福。

夏月之木。根乾葉燥。盤而且直。屈而能伸。欲得水盛而成滋潤之力。誠不可少。切忌火旺而招焚化之憂。故以爲凶。土宜在薄。不可厚重。厚則反爲災咎。惡金在多。不可欠缺。缺則不能琢削。重重見木。徒以成林。疊疊逢華。終無結果。

秋月之木。氣漸凄涼。形漸凋敗。初秋之時。火氣未除。尤喜水土以相滋。中秋之令。果已成實。欲得剛金而修削。霜降後不宜水盛。水盛則木漂。寒露節又喜火炎。火炎則木實。木多有多材之美。土厚無自任之能。

冬月之木。盤屈在地。欲土多而培養。惡木盛而忘形。金縱多不能剋伐。火重見温暖有功。歸根復命之時。木病安能輔助。須忌死絕之地。只宜生旺之方。

木神休見午。

木盛者．温良恭儉．
木向春生處世安然必壽．
陰木歸垣失令終爲身弱．
木全寅卯辰之方功名自由．
亥卯未逢於甲乙富貴無疑．
慈祥愷悌木乘甲乙之鄉．
春木重重休爲太旺無依．
木盛多仁．
木其性仁．
甲戌乙亥木之源．甲寅乙卯木之鄉．甲辰乙巳木之生．皆活木也．
甲午乙未木自死甲子乙丑金剋木皆死木也．
木太過則折執物性偏．
木不及少仁心生妬意．

曲直生正月，庚辛干上逢，南離推富貴，坎地却為凶。
木逢類象，榮貴高遷。
南木飛灰而得體。
木寒不發。
美姿貌者，春夏之生木。
木堅則心直以行仁。
木刑而瘡瘢。

木與金之關係

木旺得金，方成棟梁。
木弱逢金，必為砍折。
木繁而無金斲削，縱榮而末歲孤窮。
木衰金重，利則傷身。

木盛逢金。斷作棟梁之材。
青龍全從革之金。且貧且賤。
生木見金自傷。
甲乙遇金強。魂歸西北。
庚辛來傷甲乙。丙丁先見無危。
筋疼骨痛。蓋因木被金傷。
木若逢金主不傷。兩府坐中堂。
甲乙秋生金透露。水木火運榮昌。
強木無金。清名難著。
木逢金尅。定主腰脅之災。
木向春生遇金制。必為輔宰之臣。
木重無金。歲月蹉跎之士。
木得金裁。廊廟輔宰。

用木愁金

梁材就斷。財多金缺用難成。

梁棟材求斧斤為友。

甲乙欲成一塊。須加穿鑿之功。

朽木不禁利斧。

木盛能令金自缺。

凝霜之草。奚用逢金。

木盛金衰。一世為人下弱。

木與水之關係

木賴水氣。水多木飄。

甲乙秋生。貴宜玄武。

春木專遇水多。貧賤之流。

春木多而水淺。補衲之儈。
水泛木浮。漂蕩無依。
木從水養。水盛而木則漂流。
水泛木浮者。活木。
水盛則木漂無定。若行土運方榮。
水泛木浮。死無棺槨。
假如死木。偏宜活水長濡。
雨露安滋朽木。
木浮水泛。火不能生。

木與火之關係

木能生火。火多木焚。
木旺宜火之光輝。秋闈可試。

甲乙秋生透丙丁。莫作傷看。
強木得火。方化其頑。
生木得火而秀丙丁相同。
死木得火自焚。
一木重逢火位名爲氣散之文。
陰木絶氣於丙丁。
木無火則晦其質。
木秀火旺者。有吉慶之祥。

木與土之關係

木能尅土。土重木折。
甲乙夏榮土星厚。功名半喜足田莊。
木疏季土。培成稼穡之禾。

木氣刑土則脾衰而面黃。

水

生於春月。性濫滔淫。再逢水助。必有崩堤之勢。若加土盛。則無泛漲之憂。喜金生扶。不宜金盛。欲火既濟。不要火多。見木而可施功。無土仍愁散漫。
夏月之水。執性歸源。時當涸際。欲得比肩。喜金生而助體。忌火旺而熇乾。木盛則盜其氣。土旺則制其流。
秋月之水。母旺子相。表裏晶瑩。得金助則清澄。逢土旺而混濁。火多而財盛。木重而子榮。重重見水。增其泛濫之憂。疊疊逢土。始得清平之意。
冬月之水。司令當權。遇火則增暖除寒。見土則形藏歸化。金多反曰無義。木盛是爲有情。土太過勢成涸轍。水泛濫喜土堤防。
胸襟澄澈蓋因水濟江湖。
學問淵源本是水居壬癸。
壬癸格得申子辰。祿儍財足。

水歸亥子丑之源。利名之客。

冬水洋洋專可美.

水清潤下.主言悟而施仁。

水潤下令.文學顯達.

冬水嫌印而宜財.

水到卯官傷.五吉独出兵

登玉殿以進忠言.值命內水火相照。

水火遞互相傷.是非日有.

水聚旺鄉.花街之女.

秋水通源.剔脺立節.

水旺歸坦須有智.

水土混雜必多愚.

壬癸能達五湖.蓋有併流之性。

水寒不流。
水歸冬旺。生平樂自無憂。
水盛則危。

水與土之關係

冬水得土以隄防。謁金門而進諫。
水旺得土。方成池沼。
水弱逢土。必爲淤塞。
水流泛濫。賴土尅以堤防。
水土混。則有濁源之凶。
忌見土重。則水不流。
水若逢土入金局。宜作侍從下。
水多得土財多蓄。

心一堂術數古籍珍本叢刊 星命類

水多遇土修防堤岸之功。

水與金之關係

水入巽而見金名爲不絕。

水賴金生金多水濁。

水淺金多號曰體全之象。

冬水獨逢金盛寒弱之輩。

水不絕源仗金生而流遠。

忌見金死金死則水困。

獨水三犯庚辛號曰體全之象。

水入巽而見金名爲不絕。

水與木之關係

水多木少又身柔性蓬飄而五湖四海。
冬天水木泛名利總虛浮。
冬水旺木以枯源。
水能生木木盛水縮。
強水得木方泄其勢。
忌見木旺木旺則水死。
壬癸透露戊己甲乙臨之有救。

水與火之關係

水不勝火奔波而流落。
旺水入火地家道榮昌。
水能尅火火炎水灼。
水火均則合既濟之美

心一堂術數古籍珍本叢刊 星命類

四時皆忌火多。則水受濁。

下元冷疾。必是水值火傷。

火

生於春月。母旺子相。勢力並行。喜木生扶。不宜過旺。旺則火炎。欲水既濟。不愁興盛。盛則沾恩。土多則蹇塞埋光。火盛則傷多烈燥。見金可以施功。縱重見尤才尤遂。

夏月之火。秉令乘權。逢水制則免自焚之咎。見木助必召夭折之患。遇金必作良工。得土遂成稼穡。金土雖爲美利。無水則金燥土焦。再加木助。太過傾危。

秋月之火。性息體休。得木生則有復明之慶。遇水尅難免隕越之災。土重而掩息其光。金多而損傷其勢。

火見火以光輝。縱疊見而必利。

冬月之火。體絶形亡。喜木生而有救。遇水尅以爲殃。欲土制爲榮。愛火比爲利。

火寒不烈。

火值炎天而得局。顏子無憂。

火旺則性急而好禮.
火多則不實.火烈則傷物.
火臨巳午未之域顯達之人.
夏火炎.莫作太燥.
焦燥暴惡.火盛丙丁之地.
寅午戌逢於丙丁.榮華有準.
丙丁旺.作事難成.
火明則滅.
火虛有焰.
金得火和而能鎔鑄.水得火和則成既濟.
八者其性禮.

火與水之關係

火當夏令得水滋定作阿衡之土。

用火愁水。

火炎水涸者多自壞之苦。

火旺得水方成相濟。

火弱逢水必爲熄滅。

火帶水多貴行木運。

火炎而無水陶熔雖發而早年夭折。

火炎有水名爲既濟之佳。

朱雀之合玄武困弱之輩。

丙丁冬臧水源清爵祿全欣榮錦繡。

火以水爲用無水則火太酷烈。

若居坎宮謹畏守禮。

壬來尅丙須要戊字當頭癸去尅丁却喜己來相制。

眼昏目暗。必是火遭水尅。
火若逢水主將權。爲將鎮戍邊。
火焰逢波祿位高。
火被水傷。必是眼目之疾。
丙丁冬降水汪洋。火土木方貴顯。

火與木之關係

火明木秀。斯人必負經魁。
土重而掩火無光。逢木反爲有用。
火無木。則終其光。
火值水多。貴逢木運。
火賴木生。木多火熾。
火向春林逢木旺。好去求名。

火以木爲體．無木則火不長燄．

逢木旺處．決定爲榮．

木死火虛．難得永久．

火與土之關係

火炎土燥．主受孤單．

火炎土燥。必聲燋而好禮．

火能生土．土多火晦．

丙丁生於冬月．貴於戊己當頭．

丙丁水多嫌北地．逢戊己反作貴推．

遇土不明．多主蹇塞．

晦火無光．於稼穡．

強火得土．方止其焰．

火與金之關係

火忌西方酉

火不勝金困難而愴惶

火害衰金癩疾而殛

火能尅金金多火熄

火煉秋金鑄出劍鋒之器

夏火炎而金衰簪冠之道

火長夏天金纍纍富有千鍾

火鍛金以患癆瘵之災

土

生於春月其勢虛浮喜火生扶惡木太過忌水泛濫喜土比助得金而制木爲祥金太多仍盜土氣

夏月之土。其勢燥烈。得盛水滋潤成功。忌旺火煅煉焦坼。木助火炎。水尅無礙。金生水泛。妻財有益。見比肩蹇滯不通。如太過又宜木尅。

秋月之土。子旺母衰。金多而耗盜其氣。木盛須制伏純良。火重重而不厭。水泛泛而不祥。得比肩則能助力。至霜降不比無妨。

冬月之土。外寒內温。水旺才豐。金多子秀。火盛有榮。木多無咎。再加比肩扶助為佳。更喜身主康強足壽。

冬土怕寒而喜暖。

土宿休行亥。

土行濕地而傾根。伯牛有恨。

輕塵撮土。終非活木之基。

土寒不生。

土敗而胃有積。

土臨甲乙則嘔吐而損胃。

土高無貴空惹灰塵。

土聚則滯．
土散則輕．
戊己局全四季．榮尅諸曹．
戊己盛．朋友有信．
土薄寡信．
土稼穡兮．富貴經商．
土氣厚重．信在四時．
戊己春生．西南方有救．

土與木之關係

土虛木盛．必傷殘．
隴頭之土．少木難疏．
木疏厚土．培成稼穡之禾．

土旺得木方能疏通.
土衰遇木必遭傾陷.
土重而掩火無光.逢木反爲有用.
土重而無木疏通.遂歸愚濁.
土逢木旺榮入火鄉.
土虛逢木旺之鄉.脾傷定論.
土臨卯位.未中年便作灰心.
戊己愁逢甲乙干頭須要庚辛.
土若逢木爲正祿.八座三台福.
土虛木盛必傷殘.

土與火之關係

土多火少.晦星昏朦.

土厚多逢火。名利聰虛浮。
土燥火炎。夜寒衾帳。
土燥火炎。全無所賴。
土賴火生。火多土焦。
火不得土。則無自歸。
土得金火。方成大器。

土與金之關係

強土得金。方制其壅。
金不得土。則無自出。
土能生金。金多則土賤。
土臨季地見金。多堪來出仕。
土能生金。金多土變。

心一堂術數古籍珍本叢刊　星命類　四二

戊己夏產露庚辛當爲貴論。
戊遇金多身衰氣脫偏愛熒煌。

土與水之關係

土止水流全福壽。
三冬濕土難堰泛濫之波。
土虛反被水相欺。
土力敗水則胃弱而色黑。
土能尅水水多土漂。
勾陳局全潤下奔波之徒。
土敗水凝破祖淹流之客。
土尅水而成腹臟之疾。

正官

干支官食落空亡。後嗣良人命不長。

官逢死氣之方。子難招得。

官少身弱。一子傳芳。

柱中官星太旺。天元羸弱之名。

衣錦藏珍。官星有氣。

官多不貴。

官遇長生命必榮。

正官乃忠信尊重之名。治國齊家之號。歲運行官印之鄉。萬鼎千鍾。雙旌五馬。

官星愷悌。貴氣軒昂。抱優渥而仁慈寬大。懷豁達而聲韻和揚。丰姿美而秀麗。性格敏而聰明。

官星者。榮身之主。掌祿之源。逢財則從容顯達。遇刃則偃蹇伶仃。喜印綬以為順意。忌偏黨以為傷神。所以功名特達者。身強官旺。利祿虧盈者。身弱官衰。身旺官微。財名寡合。傷官若重。再喜印滋。

身弱遇官。得後徒然費力。
根元淺薄。遇官貴而不榮。身弱喜印綬生身。比肩羊刃扶身。
星官大抵要身強。身弱須求氣旺方。印綬兼行財旺地。無衝傷破是榮昌。
名標金榜。須還身旺逢官。
眞官時遇。命強早受金紫之封。
官星得祿日時。定生折桂賢郎。
時上官星無氣。有子不能跨竈。
官星入墓。夭先亡。
官星犯重。濁淫濫類。
官星太旺。纔臨旺處必傾。
一官一貴。烏雲兩鬢擁金冠。
官行官運。鏡破釵分。
官星正氣遇刑冲。貴而不久。

官若有冲還有合。頭角崢嶸。
支內暗藏官帶合。定然有寵在偏房。
地支天干合多。亦云貪合忘官。
貴衆合多。定是尼師娼婢。
登科甲第。官星臨無破之宮。
得佐聖君。貴在冲官逢合。
冲破祿星。應顯威權而解綬。
祿遭冲破。別土離鄉。
五行正官。忌衝刑尅破之宮。
登科及第。官星臨無破之宮。
罷職休官。只為官逢運合。
財官多。日主弱。運至財殺旺地。多染痨瘵。
官星不必專泥月支。或月干。或年日時支干。只有一處未傷損。均可取用。

金官職位清峻主掌刑獄錢穀木官品秩清高和俗守慎火官炎赫猛烈慘酷發歇不常水官職卑下級陞序漸進謙和得衆矜恤孤寡土官穩當難侵犯厚重質直法令分明

五行之官齊隨其性則吉若失其性主爲官不久

官星重見只作殺推至官鄉災難免

時上官星與月同但力輕微發福多在晚年或生賢子

三合遇貴祿平生多財穀

官星六合少人知（丁亥見壬寅之類）貴在旬中始是奇（同一旬者爲貴）生日生時各點入太師大傅佩旌旗

正官一位乃君子貴人篤厚純粹剛直廉明年時有印尤妙多則反主成敗四位純官仕宦虛名

衝官無合乃飄流之徒

正官被合平生名利皆虛

生月帶祿入仕途赫奕之尊

二德配官王陵爲漢朝之相

居翰苑而掌絲綸．爲正官歸祿於四柱．
財官雙美透露極榮．
官星得令制伏諸凶．
官得祿而子貴．
官輕入墓只好作偏官．
官入庫而子散．
正官入墓鄉破尅退田莊．

正官與印之關係

官無刃而有印．非台憲之職．必郡守之尊．
官星印旺．獨居一代之功名．
祿多有印相扶．職位定登台鼎．
金馬文章．官印輔朋於歲月。

官印無刃無殺。職居翰苑之清。
有官有印。無破作廊廟之材。
重官重印。祿鬢孤眠。
四柱官印。無損壞而祿重。
官印雙全乘旄戟而居武職。
有官要有印。無刑足可誇。不爲金殿客。也作富豪家。
官印遇鬼。官印如無。鬼旺鬼衰。決其勝負
有官無印。難求清顯之名。有印無官。發不在迅速之內。
官只一二。無財有印。身弱何妨。
透印綬而格得財官。早歲鎮邊疆之重任。
年正印。而月正官。居國監翰林之任。
祿到長生。原有印。清任加官。

官與殺之關係

入相為官一品．正官不雜偏官．
官殺透於時月．浮瀞淺露之人．
官殺混而財星多．夫多重疊．
官殺重逢．制殺有功．
官星七殺交差．却以合殺為貴．
官殺兩停．喜者存之．憎者棄之．
八官七殺．分離刑害之鄉．
刑空官殺．幾臨嫁而罷濃粧．
去殺留官．方論福．
有官有殺．宜身旺．制殺為奇．
官星怕逢七殺運．

留官去殺莫逢殺。
官殺逢祿子當顯達。
官星七殺落空亡九流任虛閑之職。
殺官混雜。不貧則夭。
官星不可被刑衝。官殺同來吉變凶。化殺為官方是吉。化官爲殺禍重重。
官星重現只作殺推。再至官鄉。災非難免。若是太多。制之爲福。
混雜官殺。奔走衣食。
官殺混雜。爲人好色多淫。作事小巧寒賤。
正官逢七殺。剝傷求生。一世忙忙。官藏殺見。定招非横之災。殺沒官明。當膺落輔之柄。
歲月正官七殺混淆下賤。
官鬼皆全。遐齡不遂。
官殺重見。混雜冲刃。歲運又見。必死。

正官與財之關係

財旺官柔．不可以官柔而言不貴．

官旺財絶．縱貴亦不顯榮．

正官佩印．不如乘馬．

官臨財地必榮夫．

明官誇馬．夫主增榮．

背祿逐馬．守窮途而悽惶．

最貴者．官星爲命日時得偏正財爲福．

正氣官星用月支喜逢財印到年時．破害衝空俱不犯．富貴雙全報爾知．

財官生旺．天干透露爲奇．財旺生官．印刃相扶爲妙．正官得時．有印不如財．

正官逢正財．舉步上金階．

財官俱旺．子路剛方．

一官騎馬．乃聰明巧智之人．

正官與刃之關係

官星帶刃．掌萬將之威權．
鸞鳳頻分．官輕比重．
官星如遇刦財．雖官非貴．
刃重官輕．業屠沽於市井．

正官與傷官之關係

官弱又值傷．一子終難到老．
正官弱．傷官旺．孫承後裔．

七殺

偏官之格。喜傷官而怕身強。
帶殺魁罡逢冲。戰性高強而生殺之權。
四柱殺旺運純。身旺爲官清貴。
柱中七殺全彰。身旺極貧無救。
無殺。女人之命一貴。可作良人。
女人無殺。帶二德。國家之榮。
四殺四空。姣月滿懷啼玉筋。
三刑帶鬼。始終尅子傷夫。
暗殺逢刑。囊砧不善。
平生爲貴爲富。身殺兩停。
處僧道之首。用殺反輕。
受憲台之職。偏官得地。
殺臨子位。必招悖逆之兒。

偏官七殺。勢壓三公。耆酒色而偏爭好鬥。愛軒昂而扶弱欺強。性情如虎。急躁如風。

最凶者七殺臨身。日時二德為祥。

以殺化權。定顯寒門貴客。

身逢七殺是提綱。只為干衰大受傷。正祿交差刑殺入。終身不免受災殃。

若逢七殺化為權。武職功名奏九天。威鎮邊疆功蓋世。貔貅雲擁盡揚鞭。

非夭即貧。必是身衰遇鬼。

柱中七殺全彰。身弱極貧無壽。

身強殺淺。假殺為權。殺重身輕。終身有損。

月中遇殺命元強。黑頭將相。

七殺咸池楊貴妃身死于萬馬。

七殺遇長生之位。女招貴夫。

棄命從殺。須要會殺。

從殺喜財。若逢根氣命隕無猜。

七殺秉偏剛之氣。恃勢凌人。非若正官有法律父師之義。
七殺乃以力服人。氣性不平。操行不正。易爲傾邪小人所誘引。
七殺喜交際。惟其交泛濫。專以利用他人爲目的。
七殺善權術。
七殺主思想奇異。麤率冒險。不似正官之細心穩健。
七殺聰明見機。果決敢爲。非如正官之柔弱。動拘禮節。
七殺喜酒色。帶咸池更甚。
七殺喜亂人秩序。侵佔人之好處。
六庚人逢殺乘虎。主被人強使力役。
身旺殺淺。作事粗心。自視多能。招人嫉害。且作事懈怠。不知警惕。
殺重身柔者。每爲人親近。
身殺並重者。幹練有爲。性情好勝。睚眦必爭。
身殺兩停。魁饒兩途有分。

時逢一位偏官名揚萬里

從殺者必然富貴

七殺與制之關係

殺有制而無梟非肅殺之權即兵刑之位

殺制刃興主掌滿營之兵卒

偏官有制有生威鎮藩垣之士

七殺有制化為權定產麒麟之子

殺輕制重為人到底迍邅

殺重制輕身旺終須發達

身強殺淺不宜有制

殺多有制女人必貴

有殺只論殺無殺方論用只要去殺星不怕提綱重

五行遇月支偏官。歲時中亦宜制伏。

四柱純殺有制。定居一品之尊。略見一位正官。官殺混雜反賤。

偏官時遇制伏太過。乃是貧儒。

七殺喜逢制伏。不宜太過。

食居先。殺居後。功名兩全。

天干殺顯。無制者賤。

偏官不可例言凶。有制還他衣祿豐。干上食神支帶合。兒孫滿眼受褒封。

七殺提綱本是愁。只因馴服喜無憂。平身正直無邪曲。職位當封萬戶侯。

月位偏官本殺神。有制還居一品尊。假若自身榮貴晚。也須爲福及兒孫。

偏官有制化爲權。英俊文章發少年。身旺定登台諫客。印助扶官累受宣。

殺神原有制神傷。制伏身強祿位昌。如見制伏先有損。返將富貴變災殃。

傷官七殺命中嫌。制伏調和可作權。日弱又無制伏者。兢兢如抱虎狼眠。

身弱殺強無制神。多生災禍不堪論。那堪更入官強地。躭疾遭刑喪此身。

偏官制伏太過時。貧儒生此更何疑。歲時若遇財旺地。殺星甦醒發威權。
原有制伏殺出為福。原無制伏殺出為禍。
身殺俱旺。無制伏。又行殺旺運。雖貴不久。
食神制殺逢梟。不貧則夭。
身強殺淺。殺運無妨。殺重身輕。制鄉為福。
七殺有制亦多兒。

七殺與印之關係

殺旺印輕。出仕定居武將。
殺不離印。印不離殺。殺印相生。功名顯達。
柱中殺印相生。身旺功名顯達。
當權者用殺而不用印。
有殺有印。畏財與助殺為禍。

七殺佩印足爲烏台之論。

殺爲武藝。印爲文華。有殺無印欠文彩。有印無殺欠威風。絕妙殺印雙全。宜其文武兩備。

殺印相生。不獨爲福。且有幹才。善言語。

有殺無印。或印綬遭傷。主碌碌少所表見。殺旺印微。主沈默而多計慮。

印旺殺微。主膚成而少思慮。

殺印兼全之人。無論遭際如何艱難。必有貴人扶助。而衣食亦主不虧。

七殺與刃之關係

殺刃休囚。祿薄官卑之士。

羊刃七殺交加。守邊城軍民受惠。

爲人好殺。羊刃必犯於偏官。

恃勢霸道之輩。犯偏官刼刃之權。

刃爲兵器。無殺難存。殺爲軍令。無刃不眞。刃殺兩顯。威鎭乾坤。

身旺自專。七殺當權。必𡨚驟發。見刃福全。
殺最忌冲傷刃喜逢。殺逢刃。威權顯赫。

七殺與官之關係

惡殺混官。臨春葉落。
去官留殺有威權。
七殺獨畏官星吃。
留殺去官官莫逢。
官殺去留干透者易去。支藏者難去。
露殺藏官只論殺。露官藏殺只論官。
純殺有制。定居一品之尊。略見正官。官殺混雜反賤。

七殺與財之關係

七殺用財。豈宜得祿。
七殺如逢財助。其殺愈凶。
身強殺弱。喜財資扶殺格兼財者。不惟財不可得。而且碌碌終身。
殺格兼財者。財帛之中暗寓小人。

財

妻多力弱。花粉生涯。
身弱財多。偏聽內話。
四柱純財身交旺。不貴卽當大富。
財星旺而日主強。興家創業。
財多身弱。正是富屋貧人。
一生安然。財命有氣。
日主無依。却喜運行財地。

命財有氣、配夫到老無憂、
財多身弱、身旺運以為榮、
身旺財衰財旺鄉而發、福、
一世安然財命有氣、
財星正立位步超羣、
財神無氣、朝封夕貶之官、
偏財時見位列皇朝、
財星入庫逢冲破富有千倉、
財星秉令支中早配豪門淑女、
月令財居絶地、妻無内助之賢、
財星帶合日干衰外春風而内懷奸詐、
梟食傷官運見財決然有子不須猜、
正財穩於地支良賈深藏之士、

時上偏財。別宮忌見。

納粟奏名。財庫居生旺之地。

財逢有傷。還忌陰謀之賊。

妻宮妻守。賢齊孟光。

三奇得位。良人萬里可封侯。

財入財鄉。夫榮子貴。

堆黃積白。財庫無傷。

財多不富。

黃金滿贏。一財得所。

地支財伏。暗生者奇。

財逢旺地。人多富。

馬入妻宮。必得能家之婦。

馬落空亡。還居飄泊。

偏正財露，輕財好義，愛人趨奉，好說是非。
早歲父亡，偏財臨絶死之宮。
偏財得祿，父必崢嶸。
財星有破，賣祖基別立他鄉。
財多如何不發，財只因身弱少培栽，運到此肩身旺地，富貴榮華次第來。
財臨旺地人多福。
范卑孤貧，五行財重。
我去剋他為妻財，干強則富。
財多身弱，畏入財鄉。
身弱財多，力不勝，生官化鬼反來侵，財多身健方為貴，若是身衰禍更臨。
財命相當，人必耐，一世安然身康泰，縱使流年有財傷，浮災小撓無妨害。
財多身旺足榮歡，身旺財多化作官，身衰財多財累己，是非不競起爭端。
財多身弱，反為富屋窮人。

甲乙建逢戊己路。温兩入中書。

妻財明朗。喬木相求財星入墓必定刑妻。支下伏財。偏房寵妾。

財星太過。愚

大運流年。三合財鄉。必主紅鸞吉兆。

日邊正馬有助有生名揚天下。

男逢財多身弱。妻話偏聽。財星得位。因妻致富成家。財遇長生。田腴萬頃。財旺生官。自身榮顯。

正財還與月官同。最怕干支遇破衝。歲運若臨財旺處。須教得富勝陶公。

身旺無官只取財。財神衝破刼爲災。身衰財旺還知夭。官盛身強福祿媒。

財多身弱慢勞神。戶大家虛反受貧。親友交財常怨恨。眼前富貴似浮雲。

偏財透露。輕財好義。愛人趨承。好說是非。嗜酒貪花。

偏財身旺。趨求商賈之人。

偏財能益算延年。

偏財格遇最難明。日旺刼從高路行。一世因財人謗訕。財多身弱惹災生。

偏財原是衆人財。最忌干支兄弟來。身強財旺皆爲福。若帶官星更妙哉。

偏財身旺要官星。運入官鄉發利名。姊妹弟兄分奪去。功名不遂禍隨生。

偏財財位發他鄉。慷慨風流性要強。別立家園三兩處。因名因利自家忙。

偏財別立在他鄉。寵妾嬢妻更剋傷。多慾有情妻妾衆。更宜持酒野花香。

身旺無財。縱壽則否。

從財者。定主富貴。

從財忌殺。若逢根氣。命隕無猜。

棄命從財。須要會財。

陰火酉月。棄命就財。北行入格。南走爲災。

財鄉見合。立身倚妻。

陽干上下逢合。妻多易得。合中更遇生氣。妻妾賢良。

財失地而歧路經商。

財旺身強。資財纍積。

千里命鈔 卷一

一馬在廄．人不敢逐．一馬在野．人共逐之．

慣取市廛之利．必因旺處逢財．

馬劣財微．男逃女走．

絕處逢財．妻子應難偕老．

北人運在南方．貿易獲其厚利．

時上偏財．而財命并旺．須出白屋分卿．

納粟奏名．財庫居生旺之地．

日主無依．却喜運行財地．

財臨旺地．人多福．

歸祿得財而獲福．無財歸祿必須貧．

建祿遇財則富．

咸池財露主淫奢．

財氣逢長生．肥田萬頃．

財多露顯．有敗有成．財少暗藏．爛錢朽貫．

財旺身強．良顯忠正之士．

財偏身旺．趨求商賈之人．

拱祿拱財．桑田萬頃．

偏財時上．慷慨輕浮．最宜身強財旺．切忌比類相逢．主旺分崢嶸仕路．日柔分纔富決貧．

身財俱旺．一生樂守家園．

財旺身強．必富貴而多妻妾．

地支無財．只是天干透出．雖行好運．亦不濟事．

財與比刼之關係

用財無比刼．治邦振廉介．

時上偏財．怕逢兄弟．

時上偏財格．干頭忌比肩．月生身主旺．貴氣福重深．

四柱奇中比肩分福
馬弱比多形骸飄泊
五馬六財窮敗比肩之地
孤寡者只為財神被刦
財旺者遇比無妨
時上偏財一位佳不逢沖破享榮華敗財刦刃還無遇富貴雙全比石家
傷妻疊疊財無身旺兄弟多
身弱財多喜兄弟羊刃為助
財旺者遇比無妨
財源被刦父命先傾
孤寡者只為財神被刼
財生身旺兩相停不喜再見比肩
正財切忌刼財神破害刑衝不可論歲運那堪逢刃地命延不死也遭迍

財神忌透只宜藏．身旺逢之大吉昌．切忌比刼相遇會．一生名利被分張．

財星有破費祖風．別立他鄉．

月上偏財．無刼無敗．富甲人間．

偏財非是自己財．最怕比肩同位來．刼敗不逢日主健．家資當發孟嘗財．

時上偏財．運至兄弟之位．主妻災．

妻宮羸弱．犯刼財必損其妻．

用財若遇刼奪．一生貧窘．

偏財遇比而身旺．甘爲富室幹僕．

主健正財被刼．頻見妻災．

慷慨者．偏財刼刃．

偏財若見刼．定損妻和妾．

財輕刼耗．風流浪蕩之人．

財用食生者．身強而不露官．略得一位比肩．益覺有情．

財與印之關係

若先財而後印。居官一歲一陞。非先印而後財。入試百發百中。

財多印輕身又弱。有學寒酸之輩。

財逢印以遷官。

貪財壞印擢高科。印分輕重。

身旺者用財。用財去印。方稱發福。

幼歲母離。只爲財多印死。

財逢印助。相如乘駟馬之車。

財星得位正當權。日主高強名利全。印綬若逢相濟助。金珠滿櫃福綿綿。

財多全仗印扶身。喬木家聲有舊名。不但妻賢兒子秀。晚年財帛累千金。

日主無根財犯重。全憑時印助身宮。逢生必有興家福。破印紛紛總是空。

正財若逢印。祖業根基盛。

生來貧夭財食得地梟印重．
身弱有財重逢正印亦凶．

財與傷食之關係

財旺無刼而透傷反爲不利．
財不甚旺而比强略露一位傷官以化之．
柱有傷食雖財厚亦不能生官．
財食入庫在福厚倒食求財者貧夭．
偏財見官兼食神榮華有準．

財與官之關係

財氣遇正官聲價遠馳於六國．
有財無殺混官星定配賢良富貴族．

無官須要看財星。財旺生官富貴眞。
衣紫腰金。財輔官旺。
干透財官雙美。中年身到鳳凰池。
支藏祿馬兩全。壯歲首登龍虎榜。
財官一位。狀元一舉無疑。
財官入墓。非損子卽傷妻。
財官皆臨敗絕。寡獨貧寒蹇滯。
財官俱値於空亡。中途子喪妻傷。
財官臨庫。不冲不發。
日主旺財得地。一生福祿優游。
日主衰。財官敗絕。一世貧寒到老。
日主旺而財官衰。遇財官發福。
財官旺而日主弱。運行身旺馳名。

財官旺而身性強。多主富貴。

財官輕而日太旺。亦見貧寒。

富而且貴。定因財旺生官。

財官死絶。當招過繼之兒。

大貴者用財而不用官。

財官俱敗者死。

財官月旺。得父資財。

財生官。官生印。印生身。富貴雙全。

林皋九子。財旺生官。

財旺生官。少年承澤。

正官弱。偏財旺。太公得遇文王。

財旺生官。富而且貴。露官藏財。無不高位。

財旺生官者。乃貴少為富多。

財旺生官．白身榮顯．

財與殺之關係

玉堂翰職．財殺不黨于提綱．
財多殺重富家榮幹之人．
逢財忌殺而有殺十有九貧．
財神七殺或合殺存財或制殺生財．皆貴格也．

印綬

印綬生身居三台之重位．
正印月逢官居翰苑．
印綬若行身旺運．到底尋常．
印旺子位．受子之榮．

身衰者用印。用印去財。方稱發福。
印綬主多智慧。豐身更且心慈。
印綬逢生。母當賢貴。
印綬多而老無子。
印綬被傷失宗業。拋離故里。
官刑不犯。印綬天德同宮。
六甲坐申。三重見子。運至北方、須防橫死。
壬癸多金生氣酉申。土旺則貴。水旺則貧。
用梟神而遇印。玉樹春榮。
命用梟神。富家營造。
梟居年位。破祖之基。
梟印重生。祖產飄蕩。
梟印當權。使心機而始勤終怠。好學藝而多學多成。

梟居祖位．破祖之基．
命用梟神．富家營辦．
印綬被傷．倘若榮華不久．
印多則清孤不免．
印墓則壽夭難逃．
身旺印多．財運無妨．身弱有印．殺運何傷．
印綬有根．逢財則發．逢官則顯．逢衝則災．
生氣印綬．利官運畏入財鄉．
印綬無根．遇生發福．若見多根．福亦不足．運限逢財．破家失祿．
印綬根輕．旺中榮達．印綬根多．旺中不發．
印綬重逢．竊比老彭之壽．
印綬逢生．母當賢貴．
幼歲離母．只爲財多印死。

印綬多而子少息稀。
印綬太過。不喜再行身旺地。
貴人佩印。定須文武兼資。
知文能武天德貴人印綬。
華蓋與文星共會。管仲爲佐霸良臣。
印綬逢華。尊居翰苑。
官印生刑衝之地。意亂心忙。
印綬者畏見財星。得羊刃刼財必反爲福。
財多用印。運喜比肩之地。印守提綱。却要殺神相幫。
正印見財則凶。逢官則吉。有官無印。雖富貴而傷殘。有印無官。縱榮華而有失。四柱然逢四絕。三元喜見長生。

印綬之星福最殊。更有權財在何居。忽然併守居元位。聲振朝廷位不虛。
命逢印綬福非輕。年少從容享現成。旺相印多偏福厚。受恩承蔭立功名。

印綬無虧享福全．為官承蔭有田園．官膺宣敕盈財谷．日用盤餐費萬錢．

重重印綬格清奇．更要支得仔細推．支上咸池干帶合．風流浪蕩破家兒．

印綬多根不畏財．喜逢比刼福胚胎．印星敗破官來救．福壽平生命帶來．

印綬．不宜身太旺．總然無事也平常．除非原命多官殺．却有聲名作棟梁．

印綬忌行死絶地．最怕財旺落財鄉．歲運月支重臨會．却主斯人定喪亡．

木逢壬癸水漂流．日主無根枉度秋．歲運若逢財旺地．反凶為吉遇王侯．

印綬如逢月内遭．定因庇蔭顯英豪．多能少病謀須大．有印無官福亦高．上下最宜逢鬼旺．中間却忌與財交．連臨死絶身無托．卽入黄泉不可逃．

偏印兼正印者．用權不專．主意不定．

印多主清孤．

印與傷食之關係

印綬得傷官．為人奸吝偏淺．兼作事虛花．

窮梟見食．坐產花枯．
柱中梟食並傷官．子死夫亡是兩端．
印綬重重享現成．食神只恐暗相刑．早年若不歸泉世．孤苦離鄉宿疾縈．
印刃相隨．官高極品．
偏印刼刃．出祖離家．外象謙和．尚義．內心很毒．無知．有刻剝之意．無慈惠之心．
印綬得刧．財爲貴．
日坐梟神．干透食神者．饕餮之徒．

印與官之關係

印綬逢官．早沾雨露．
月逢印綬．喜官星．運入官鄉福必清．死絕運．旺身不利．後行財運百無成．
重重生氣若無官．常作清高技藝看．官殺不來無爵祿．縱爲技藝也孤寒．
印綬官星旺氣純．傷官多遇轉精神．如行死絕並財地．無救．反爲泉下人．

印賴官生．
有官無印．卽非眞官．有印有官．方成後福．
印旺官生．聲名揚達．
逢印看官而遇官．十有七貴．
有印無官．享現成淸高之福．
印旺官生．必秉鈞衡之任．
梟神見官殺．多成多敗．

印與殺之關係

印旺殺輕．毗身定享科名．
印綬多而宜見殺．
印綬遇殺．吉甫補六龍之袞．
殺化爲印．早擢高科．

殺星若生偏印．馳擔息肩無定日．
命原有印．行七殺運發福．
偏官正印．多主異路之榮．
殺印相生者．剛柔相濟．言行純正．
殺生正印．多主紳者之榮．

印與財之關係

印旺財輕身更弱．錦心繡口之人．
印旺一見財星自然家肥屋潤．
印輕倘行財運．俄然夢入南柯．
先印後財．自成其福．
印綬無財比肩不忌．
印殺比肩．喜行財鄉．

印無比肩。畏行財鄉。
印多身旺。最喜逢財。
印綬生月歲時忌見財星運入財鄉。却宜退身避位。
月生日干運行不喜財鄉。
印多者。行財而發。
印綬干頭重見比如行運助必傷身莫言此格無奇妙，運入財鄉福祿眞。
有印無財是福媒。喜逢官位怕旺財。主人囊括文章秀。一舉丹墀面帶來。
印星偏者是梟神柱內最喜見財星。身旺遇之方是福。身衰梟旺更無情。
月生日干無天財。乃印綬之名。
殺能生印。畏行財鄉。破印助鬼。決主不祥。
印綬財星重見。百事難通。
月印純粹。無財星。主文章中黃甲。
印綬有根。喜遇財星。印綬無根，忌見財曜。

心一堂術數古籍珍本叢刊 星命類 八四

印綬比肩。喜行財鄉。印無比肩。畏行財鄉。

印綬逢財。比肩不忌。

財印交錯。論其氣稟之輕重。倘若財氣輕而印氣重。捨財取印。其貴可知。倘若印氣輕而財氣重。捨印取財。雖有背祿支干重旺。反作資財。

月印附日無財氣乃黃榜招賢。

身旺印多。喜行財地。

印綬衝而財星重。身有車塵之苦。

四柱印多財露。太公八十遇文王。

印綬逢財身比劫縱有財多福不全。藏印露財身自旺。功名榮顯福須完。

印綬財傷母年早喪。

貪財壞印。喜行比刦之鄉。

財星破印。宜逢比刦之宮。

財印混雜。終爲守困。

若是逢財來壞印。懸梁落水惡中亡。印不逢財身不死。如前逐一細推評。
印綬太多身更旺。爲人刑尅主貧孤。若得官殺財相會亦爲超邁萬人扶。
偏印遇財曜反辱爲榮。
財印混雜。終爲守困。

傷官

金水傷官得令五經魁首文章。
火土水木傷官恃己凌人傲物。
火明木秀日主強定作狀元郎。
傷官身弱見傷官平地起風波。
傷官運若見刑冲一夢入幽冥。
金水傷官柱內逢其人如玉更玲瓏。
時帶傷官男命決然損子。

心一堂術數古籍珍本叢刊　星命類　八六

傷官之格。女人最忌。帶財帶印。反成富貴。

傷官傷盡。多藝多能。使心機而傲物。氣高多詭詐而侮人。志大。爲見傷官太甚。子亦難留。

傷官旺而幼傷夫。

傷官火土宜傷盡。金水傷官要見官。木火見官官要旺。土金官去反成官。惟有水木傷官格。財官兩見始爲歡。

日主傷官。歲入傷官當破面。

重見傷官。身必辛勤勞苦。

傷官多而身旺。無依。定爲僧道藝術之士。

傷官太重。子必有虧。

年帶傷官。父母不全。月帶傷官。兄弟不完。時帶傷官。子息凶頑。日帶傷官。妻妾不賢。

傷官傷盡。日主興隆。身旺則吉。身弱則凶。

傷官泄氣。本爲敗神。臨身旺宜財乃吉。遇官咸無印則凶。傷官不盡。須防不測之災。傷官逢財。乃享優游之福。七殺同來。疾損須憂。身旺。無依孤尅難免。傷官遇刦。聚財如柳絮隨風。傷官無印。求利似荷錢盤雨。

傷官其志傲王侯。好勝場中強出頭。路見不平須忿怒。抑強扶弱不干休。

傷官傷盡始為奇。又恐傷多反不宜。此格局中千變化。推詳須要用心機。

年上傷官實可嫌。重則傷身壽不延。傷官傷盡生財貴。財絕逢官禍必連。

年衝月令須離祖。日破提衝必損妻。時日暗衝妻子尅。無衝四散一生低。

傷官與財之關係

傷官若見四柱。有子難繼書香，大運倘得入財鄉。麒角麟毛可寶。

傷官身旺若逢財。身到鳳凰池。

傷官太旺若無財。一對鴛鴦兩拆開。

傷官無財難恃。雖巧必貧。

傷官用財宜去印。

傷官有財。子宮有子。傷官無財。子宮有死。

傷官見財者。又官高而財足。
傷官逢財而有子。
傷官有財而佩印。豈不作一品之官。
日露傷官時露財。功名榮顯肅烏臺。
傷官遇者本非宜。財有官無是福基。時日月傷官格局。運行財旺貴無疑。

傷官與刃之關係

傷官有刃。將相公侯。
傷官羊刃日時。莊子鼓盆之嘆。
傷官無財而帶刃。行奸弄巧。

傷官與官殺之關係

傷官重而不忌官。

四柱傷官．運入官鄉必破．

傷官復行官運．不測災來．

傷官不見官星．猶爲貞潔．

傷官見官．禍患百端．

傷官疊見正官．必爲師冕．

傷官復行官運．不測災來．

傷官有官．爲禍百端．運限去官．必主高遷．

傷官見官．妙入印財之地．

傷官傷盡．行官運而無妨．

傷官原是產業神．傷盡眞爲大貴人．若是傷官傷不盡．官來乘旺禍非輕．

月令逢官在傷鄉．傷輕減力尚無妨．若見刑衝併破害．定知爲官不久常．

傷官傷盡復生財．財旺生官互換來．四柱若無官顯露。便言富貴莫疑猜．

傷官多而見官．頑石產玉．原有官而再見．災禍連綿．

傷官有情來合殺．金榜標名定是眞．

傷官如帶殺刃．出將相而入公侯．

傷官與印之關係

女犯傷官梟印．喪子刑夫．

傷官用財宜去印．

傷官用印宜去財．用財宜去印．倘使財印兩全．將何發福．

傷官之格．命中大忌帶印帶財．翻成富貴．

傷官若見印綬．貴不可言．

食神

食神祿旺有財星．子貴夫榮理最明．

食神祿旺財官衰．子貴夫憑無所託．

財官敗絶食神衰．夫庸子懦無所依．
財官得祿食神強．因子因夫紫誥章．
食神入墓子必損．
一位食神富貴賢良之女．
食神生旺．勝似財官
胞胎常墮．食旺身衰．
冲官合食．靠子刑夫．
食神暗見人物豐肥．
子黨財．財黨殺．殺攻身．凶窮兩逼．
食神善能飲食．體厚而好謳歌．
食神一位逢生旺．招子須當拜聖明．
食神一處當用．一代於三．若遇休閑．三重不逮於一．食分三二．財如落葉秋風．梟遇一靈．福若朝菌暮落．
食神若遇空閑．大抵難逃憔悴．

月令值食身健旺。善飲食。資質豐肥。四柱有吉曜相扶。堆金積玉。聲名顯著。

食神旺處刦財多。更逢偏印剋食神。非壽夭。須知乞化。

食神旺相。老壽彌高。

食神一位。勝似財官。戊日庚時。不宜火旺。

壽星合處得其眞。此說不虛陳。一座食神身坐官。三監九卿看。

食神名爲吉曜。制殺號稱壽星。干強食旺。富貴之士。食旺身衰。蹭蹬之人。逢財旺則食前方丈。遇印綬則甑底生塵。見一位者。鐘銘鼎鼐。二三者。陋巷簞瓢。羊刃重臨。平生勞碌。刑剋相會。一世奔波。

食神逢祿號天廚。衝剋空亡官殺無。死絕運臨偏印地。壽星合處福交孚。

食神有氣勝財官。先要他強旺本干。若也反傷來奪食。忙忙辛苦禍千般。

食神生旺無刑剋。命逢此格勝財官。更得身旺逢財地。青春年少步金鑾。

食神月上號天廚。人命逢之富有餘。切忌梟來明減福。最嫌衝去暗消除。生財化鬼兼無病。制殺爲祥信有儲。士子如逢科甲第。官封要職領天書。

食神與印之關係

食神制殺逢梟，不貧則夭。

食神印綬不宜逢，惟見財官福更隆，食神喜行身旺地，逢梟逢比總成空。

甲人見丙本盜氣，丙去生財號食神，心廣體胖衣祿厚，若臨偏印主孤貧。

食神無損壽綿長，庶母逢之不可當，若無偏財來救護，命如秋草帶冬霜。

用食絕梟神在位，有得人之譽。

無食多逢印綬，反作刑傷。

食神逢梟者凶。

食神與官之關係

田園廣置，食神得位不逢官。

子反哺時逢子建，更值貴人喜相見，建官又在貴人鄉，鳳閣鸞台歷華選。

月露食神時露官。榮顯烏台助國臣。
食神生旺最堪誇。惟有木水土金佳。官殺更無來混雜。平生衣祿足榮華。

食神與殺之關係

食神帶七殺。英雄獨壓於萬人。
食神制殺。遂十年燈火之光。
食多制殺又身柔。子少而性無發越。
食居前。殺居後。功名顯達。
食神制殺吉非常。財旺妻榮子更強。柱中若無呑陷煞。管教金殿佐君王。
食神居先殺居後。衣祿平生福最厚。殺近食神却有殃。終日塵寰慢奔走。
壽元合起最爲奇。七殺何憂在歲時。禁凶制暴千頭旺。此是人間富貴兒。

比劫祿刃

陽剛陰柔。兄強弟弱。

陰盛陽衰。弟必強兄。

干與支同。損財傷妻。

刦財羊刃。切忌時逢。歲運併臨。災殃立至。

日干無氣。時逢羊刃不爲凶。

羊刃冲合歲君。勃然禍至。

戊己生逢五月中。忽逢陽刃在天宮。金多有水方爲貴。火重須逢比刦同。

春木夏火逢時旺。秋金冬火一般同。不宜陽刃天干露。歲運相逢事事凶。

羊刃常居在祿前。性剛果毅少慈憐。不宜會合防災至。若見財星禍必纏。有官有殺名顯達。無衝無破祿榮遷。更加刑害魁罡併。發跡邊疆掌重權。

幫身羊刃。喜合嫌冲。

姊妹剛強。乃作塡房之婦。

姊妹同宮。未適而先恨。

男多羊刃必重婚。
因財致禍。羊刃與歲運併臨。
羊刃不喜刑冲。
比肩得祿。兄弟名高。
羊刃更兼會殺。千里徒流。
羊刃重重必尅妻。
羊刃怕冲宜合。
刦財傷父亦傷妻。
刦若重逢人夭壽。
羊刃七殺怕逢官刑冲破害禍非常。大怕財旺居三合。截髮斷指主殘傷。
權刃復行權刃。刃藥亡身。
幫身羊刃。喜合嫌冲。
身旺比刦重。損財又傷妻。比刦遇梟食。妻遭產裏危。

刦財羊刃出祖離家外象謙和尙義內心狠毒無知有刻剝之意無慈惠之心。
陽刃倘同生氣閫外持權。
陽刃持權必作邊庭將帥。
男逢羊刃身弱遇之爲奇。
陽刃羴逢居陽月名成利就。
陽刃重重有制伏一生富貴善終身。
月刃日刃並時刃兼貴殺富貴榮身。
小盈大虧恐是刦財之地。
火金陽刃綠珠墜死於高樓。
陽刃重重三四必須盲聾。
陽刃持針雕面賊。
滿盤陽刃必分屍。
陽刃逢於五鬼定要重犯徒流。

陽刃嫌衝合歲君．流年遇此主災迍．三刑七殺如交遇．必定閻羅出引徵．

陽刃重逢合有傷．主人心性氣高強．刑衝太重多凶厄．有制方能保吉昌．

比肩陽刃格非常．要見官星與殺鄉．元辰若無官殺制．再行比劫禍難當．

日干旺盛於年月．身旺轉祿財官絕．那堪劫刃又相逢．百般機巧反成拙．

比劫刃祿與傷官之關係

刃輔傷官．際一旦風雲之會．

羊刃傷官逢沖戰．性凶惡而與人少合．

男逢比劫傷官．剋妻害子．

傷官有刃．將相公侯．

傷官不忌劫相逢．七殺偏官理亦同．若是無官不忌劫．身強遇比劫嫌重．

劫財傷刃不堪親．四柱無財一世貧．出姓歸宗還俗客．不然殘疾亦傷身．

比刦祿刃與財官之關係

羊刃刦財財疊疊。花燭重輝之象。

建刃若行財官運。為人必白手成家。

月逢羊刃。運程喜殺以嫌財。

月令建祿。多無祖屋。一見財官。自然成福。

建祿生提月。財官喜透天。不宜身再旺。惟喜茂財源。

先比後財。自貧至富。

歸祿有財而獲福。

無財歸祿必須貧。

自弱財豐。喜羊刃兄弟為助。

日干旺甚無依倚。却喜歲運逢財地。元命　財見財發。無財見財壽夭折。

財星輕弱刃剛強。身旺之鄉大不祥。鳳寡鸞孤寒夜怨。等閒妻剋兩三雙。

比刦祿刃與官之關係

日祿居時沒官星。號青雲得路。
時歸日祿。生平不喜官星。
官星帶刃。掌萬將之威權。
刦財羊刃。不堪侵。不帶官星一世貧。甲乙互逢皆倣此。縱多財帛化爲塵。
刦財羊刃兩頭居，外面光華內本虛。官刃兩頭俱不出。少年夭折謾嗟吁。
支刃干官。時月重逢。官必顯。

比刦祿刃與殺之關係

月令雖逢建祿。切忌會殺爲凶。
殺刃雙顯均停。位至王侯。殺刃重而無制。身爲胥吏。
殺刃休囚。祿薄之士。

殺制刃與主掌滿營之兵卒。若是用神輕淺。決爲吏卒卑官。
陽刃重重又見殺。大貴登科甲。
陽刃極喜偏官。剷平禍亂。
殺交刃兮掌兵權。
陽刃偏官有制。膺職掌於兵權。
羊刃七殺。出仕馳名。
羊刃入官殺。威鎭邊疆。
時逢羊刃喜偏官。若見財星禍百端。歲逢相衝併相合。勃然興禍至門闌。
刃逢七殺墓官鄉。惟怕刑衝祿不昌。會合更逢財旺運。預防災禍致身殃。
日中陽刃宜逢殺。運轉財鄉貴必遷。刑害俱全爲吉地。財神會合是災年。

比刦祿刃與印之關係

羊刃若逢印綬。縱貴有殘疾在身。

印刃相隨.官高極品.
陽刃重逢印綬.廉頗有百計之能.
印生兩刃終被刑.

韋千里

著書

學命捷徑 命學講義 實售二元
評命妙諦 命理約言 實售八角
批命圭範 千里命稿 實售六角
占課必讀 六壬祕笈 實售二元
風鑑準繩 現代相法 實售六角
命理集錦 千里命鈔 實售三元

賣卜

談命 伍圓
批命 伍拾圓
占課 叁圓
選吉 拾圓
時間 下午三時至八時
館址 上海南京路大慶里卅四號
電話 館內 九三八二一
住宅 三九二五八
外埠 七天覆件 寄費另加
空函不答

千里命鈔　卷二

嘉興韋千里編

十干

讀破命書萬卷。感舊書非失之於偏奧。卽不免支離繁蕪。欲求簡當顯明。中正不阿者。惟命理約言。及欄江網二書耳。命理約言。余已刊印單行本問世。欄江網不知何人所著。由清季余春台編纂成書。其於論逐月十干不但分析淸楚。且句句爲經驗之談。尤不可湮沒。節錄於此。以餉讀者。

正月甲木

初春尚有餘寒。得丙癸透。富貴雙全。癸藏丙透。名寒木向陽。主大富貴。倘風水不及。亦不失儒林俊秀。如無丙癸。平常人也。

或一派庚辛。主一生勞苦。尅子刑妻。再支會金局。非夭卽貧。

如無丙丁。一派壬癸。又無戊己制之。名水泛木浮。死無棺槨。

如一派戊己支會金局爲財多身弱富屋貧人終身勞苦妻晚子遲

或無庚金有丁透亦屬文星爲木火通明之象又名傷官生財格主聰明雅秀一見癸水傷丁但作厚道迂儒或柱中多癸滋助木神傷滅丁火其人奸雄梟險曹操之徒言淸行濁笑裏藏刀

或支成金局多透庚辛此又不吉號曰木被金傷若無丙丁破金必主殘疾

或支成火局洩露太過定主愚懦常有啾唧災病纏身終有暗疾

支成木局得庚爲貴無庚必凶若非僧道男主鰥孤女主寡獨

支成水局戊透則貴如無戊制不但貧賤且死無棺木

總之正二月甲木有庚戊者上命如有丁透大富大貴之命也

二月甲木

庚金得所名陽刃架殺可云小貴異途顯達或主武職但要財資之柱中逢財英雄獨壓萬人若見癸水困了財殺主爲光棍重刃必定遭凶性情凶暴

三月甲木

木氣相竭。先取庚金。次用壬水。庚壬兩透。一榜堪圖。但要運用相生。風水陰德。方許富貴。

或見一二庚金。獨取壬水。壬透清秀之人。才學必富

或天干透出二丙。庚藏支下。此鈍斧無鋼。富貴難求。若有壬癸破火。堪作秀才。

或柱中全無一水。戊己透干。支成土局。又作棄命從財。因人而致富貴。妻子有能。

或見戊己及比刦者。名為雜氣奪財。此人勞碌到老。無馭內之權。女命合此。女掌男權。賢能內助。若比刦重見。淫惡不堪。

或支成金局。方可用丁。不然。三月無用丁之法。惟有先庚後壬取用。

四月甲木

退氣。丙火司權。先癸後丁。

庚金太多。甲反受病。若得壬水。方配得中和。此人性好清高。假裝富貴。即蔭襲顯達。終日好作禍亂。善辯

巧談喜作詩文

如一庚二丙稍有富貴金多火多又爲下格

或癸丁與庚齊透天干此命可言科甲即風水淺薄亦有選拔之才癸水不出雖有庚金丁火不過富中取貴異途官職而已壬透可云一富若全無點水又無庚金丁火一派丙戊此無用之人也

五六月甲木

五六月甲木木性虛焦一理共推

五月先癸後丁庚金次之

六月三伏生寒丁火退氣先丁後庚無癸亦可

或五月乏癸用丁亦可要運行北地爲佳

總之五六月用丁火雖運行北地不致於死却不利運行火地號曰木化成灰必死行西程又不吉號曰傷官遇殺不測災來惟東方則吉北方次之此五六月用丁之說也

五六月甲木木盛先庚庚盛先丁五月癸庚兩透爲上上之格六月庚丁兩透亦爲上上之格用神既透

木火通明。自然大富大貴。或丁火太多。癸水亦多。反作平人。
若柱中多金。名曰殺重身輕。先富後貧。運不相扶。非貧卽夭。或庚多。有一二丙丁制伏。又有壬癸透干。泄金之氣。此又爲先貧後富。
或滿柱丙火。又加丁火。不見官殺。謂之傷官傷盡。最爲奇。反成淸貴。定主才學過人。科甲有望。但歲運不宜見水。若柱中有壬水。運又逢水。必貧夭。
但凡木火傷官者。聰明智巧。却是人同心異。多見多疑。雖不生事害人。每抱忌妒之想。女命一理同推。
或四柱多土。干上有乙木。切勿作棄命從財。
時月兩透己土。名二土爭合。男主奔流。女主淫賤。見二甲則不爭矣。亦屬平庸之輩。或四柱有辰。干見二己二甲。此人名利雙全。大富大貴。
或是己木不見戊土。乃爲假從。其人一生縮首。反畏妻子。若無印綬。一生貧苦。六月猶可。五月決不可。

七月甲木

丁火爲尊。庚金次之。庚金不可多。火隔水不能鎔金。故丁火熔金。必賴甲木引助。方成洪爐。若有癸水阻

心一堂術數古籍珍本叢刊 星命類

隔便滅丁火。壬水無礙。且能合丁。但須見戊土。方可制水存火。

八月甲木

木囚金旺。丁火爲先。次用丙丁。庚金再次。

一丁一庚。科甲定顯。癸水一透。科甲不全。

丙庚兩透。富大貴小。丙丁全無。僧道之命。

丙透無癸。富貴雙全。有癸制丙。尋常之人。

支成火局。可許假貴。戊己一透。可作富翁。

或支成金局。干露庚金。爲木被金傷。必主殘疾。得丙丁破金。亦主老來暗疾。

或支成木局。干透比刼。反取庚金爲先。次用丁火。

九月甲木

木星凋零。獨愛丁火壬癸滋扶。丁壬癸透。戊己亦透。此命配得中和。可許一榜。庚金得所。科甲定然。

或見一二比肩無庚金制之平常人也倘運不得用貧無立錐

或四柱木多用丙用丁皆不足異專用庚金爲妙凡四季甲木總不外乎庚金譬如木爲犂能疎季土非庚爲犂嘴安能疏土雖用丙丁癸庚決不可少也

凡甲木多見戊己定作棄命從財而看

或見一派丙丁傷金不過假道斯文有壬癸破了丙丁技藝之流無壬癸破火支又成火局乃爲枯朽之木有庚亦何能爲力定作孤貧　賤之輩男女一理

或有假傷官得地逢生此正合甲乙秋生貴元武之説

或丁戊俱多總不見水又爲傷官生財格亦可云富貴

凡甲多庚透大貴庚藏小貴若柱中多庚則又以丁爲奇富貴人也

九月甲木專用丁癸見戊透必貴

十月甲木

庚丁爲要丙火次之忌壬水泛身須戊土制之

若庚丁兩透。又加戊出干。名曰去濁留清。富貴之極。即乏丁火。亦稍有富貴。或甲多制戊。庚金無根。平常人也。庚戊若透。雖出比刦。必定富而壽。

或多比刦。只一庚出干。坐祿逢生。乃爲捨丁從庚。略富貴。或支見申亥。戊己得所。以救庚丁。可許科甲。若單己透。其力弱小。不過貢監而已。

十一月甲木

木性生寒。丁先庚後。丙火佐之。癸水司權。爲火金之病。庚丁兩透。支見巳寅。科甲有准。風水不及。選拔有之。若癸透傷丁。無戊己輔救。殘疾之人。或壬水重　丁火全無者。庸人也。得丙方妙。

或支成水局。加以壬透。名爲水泛木浮。死無棺木。

總之。十一月甲木。爲寒枝。不比春木清茂。專取庚丁。透壬無丙。不過刀筆異途。武職有驗。

十二月甲木

天氣寒凍。木性極寒。無發生之象。先用庚劈甲。方引丁火。始得木火有通明之象。故丁次之。

庚丁兩透。科甲恩封。庚透丁藏。小貴。丁透庚藏。小富貴。無庚者。貧賤。無丁者。寒儒。

或有丁透重重。亦是富貴中人。但須比肩能發丁之燄。自有德業才能。如無比肩。尋常之士。稍有衣食而已。或支多見水。卽有比肩。亦屬平常。

總之。臘月甲木。雖有庚金。丁不可少。乏庚略可。乏丁無用。

正月乙木

必須用丙。因天氣猶有餘寒。非丙不暖。雖有癸水。恐凝寒氣。故以丙火爲先。癸水次之。

丙癸兩透。科甲定然。或有丙無癸。門戶闡揚。或丙多乏癸。名曰春旱。獨陽不長。濁富之人。

或丙少癸多。又爲困丙。終爲寒士。或癸己多見。爲濕土之木。皆下格。

二月乙木

陽氣漸升。木不寒矣。以丙爲君。癸爲臣。丙癸兩透。不透庚金。大富大貴。

或天干透庚。支下無辰。不能化金。得癸透蠢木。亦貴。若見水庫。則爲假化。平常人也。

二月乙木專用丙癸

或支成木局有癸透乃作貴命更得丙洩木氣上上之命但須透癸

或水多困丙多戊化癸皆下格

三月乙木

陽氣愈熾先癸後丙

癸丙兩透不見己庚玉堂之客見己庚者平常之人

或一乙逢庚不見己者亦主小富貴但不顯達

或多水見己只恐高才不第見戊堪發異途

或庚己混雜丙癸全則爲下格

或見水局丙戊高透亦主科甲

或柱中全無丙戊支合水局此離鄉之命

或見一派癸水又有辛金則作旺看得一戊己制癸亦可云小富貴若一派壬癸不特貧賤而且夭折有

一戊己方云有壽但終爲技術之人
又或庚辰時月名二庚爭合乃貧賤之輩如年見丁破庚可云從化亦不失武職之權

四月乙木

自有丙火專取癸水爲尊
四月乙木專用癸水丙火酌用雖以庚辛佐癸須辛透爲清
癸透庚辛又透科甲定然獨一點癸水無金是水無根雖出天干不過秀才小富須要大運相扶
或土多困癸貧賤之人丙戊太多支成火局瞽目之流
乙逢雙女木傷殘若見辛金壽必難不得丙丁來制伏豈知安樂不久長

五月乙木

丁火司權禾稼俱旱上半月屬陽仍用癸水下半月屬陰三伏生寒丙癸齊用
柱多金水丙火爲先餘皆用癸水爲先

若見丙透。支成火局。傷焦木性。此人殘疾。無癸必夭。見壬可解。或火土太多。其人愚賤。或爲僧道門下閒人。

六月乙木

木性且寒。柱多金水。丙火爲尊。支成水局。乙得無傷。癸水透干。大富大貴。無癸定作常人。運不行北。困苦一生。

凡五六月乙木。氣退枯焦。用癸水。切忌戊己雜亂。則爲下格。或甲木高透。制伏土神。名爲去濁留清。可許俊秀。土多乏甲。秀氣脫空。庸人而已。

或丙癸兩透。加以甲透制戊。選拔定然。若不見丙癸。只有丁火。亦屬常人。有壬可充衣食。

或柱中無水。又無比刦出干。乃爲棄命從財。富大貴小。能招賢德之妻。從財格以火爲妻。土爲子。

或一派戊土出干。不見比肩。名爲財多身弱。終爲富屋貧人。

或丙辛化水。嫖賭破家。終非承受之兒。

或一派乙木。不見丙癸。名爲亂臣無主。勞碌奔波。又加支多辛金。僧道之輩。

或一派甲木無癸無丙又無庚金。此人一生虛浮。總不誠實。有庚制甲。乃有謀之人。但嗜酒貪花。多慾敗德。不脩品行。男女一理。

七月乙木

庚金乘令。庚雖輸情於乙妹。怎奈干乙難合支金。柱見庚多。乙難受載。
或丙透干。又加己出埋金。此格可云科甲。有己透。加丙亦是上命。
七月喜己土為用。或不見丙癸。己土決不可少。
或癸透丙藏。庚少。此不用己。可許貢拔。無丙有癸透者。不失刀筆門戶。有支下庚多。癸又藏者。無丙己。二神。平常人物。
或生辰時。此為從化。反主富貴。凡化合格。皆以所生之神為用。化金者。戊為用神。特忌丙丁煅煉破格。

八月乙木

芝蘭禾稼均退。以丹桂為乙木。在白露之後。桂蕊未開。拆用癸水。以滋桂蕚。若秋分後。桂花已開。却喜向

陽又宜用丙癸水次之丙癸兩透科甲名臣
或支成金局宜暗藏丁無丁制金恐木被金傷若無水火此人勞碌或得癸水子爲得母其人一生豐盈
或丙癸兩透戊土雜出亦主異路功名
生秋分後有丙無癸亦略富貴若有癸無丙名利虛花若四柱不見丙癸下格
或癸在年月干丙透時干名爲木火文星定主上達生於秋分後方佳
或生上半月無癸姑用壬水不然枯木無用必作貧人又四柱多見戊己下格
乙木生居酉莫逢巳酉丑富貴坎離宮貧窮申酉守木逢金旺已傷再遇金鄉豈不損壽

九月乙木

根枯葉落必賴癸水滋養
如見甲申時名爲藤蘿繫甲可秋可冬
若見癸水又遇辛金發水之源定主科甲或有癸無辛常人有辛無癸貧賤或四柱壬多水難生乙亦是
尋常之輩

或支多戊土。又透天干。作從財看。無比刼方妙。一逢比刼。富屋貧人。

十月乙木

木不受氣。而壬水司令。取丙爲用。戊土爲次。

丙戊兩透。科甲定然。有丙無戊。雖不科甲。亦入儒林。支多丙火。運入火鄉。亦主顯達。

或水多無戊。乙性漂浮。流蕩之徒。若不見丙己。妻子難全。或一點壬水。即多見戊土。亦爲不妙。得甲制戊。可許能幹。但爲人好生禍亂。構訟爭非。男女一理。

支成木局。時值小陽。此又如春木同旺。若有癸出。須取戊爲尊。加以丙透。科甲之人。若無丙戊二字。自成自敗。終非承受之輩。

十二月乙木

花木寒凍。一陽來復。喜用丙火解凍。則花木有向陽之意。不宜用癸以凍花木。故專用丙火。

有一二點丙火出干。無癸制者。可許科甲。即丙藏支內。亦有選拔恩封。得此不貴。必因風水薄。或壬癸出干。有戊制。可作能人。即丙在支內。亦是俊秀。若壬透無戊。貧賤之人。
支成水局。干透壬癸。丙丁全無。雖無戊制。貧乏到老。運至南方。稍有衣食。
丁火有亦如無。丁乃燈燭之火。豈能解嚴寒之凍。設無丙丁。戊己多見。金水奔流。下賤。或有戊己。無火。亦屬常人。但不至下賤。
或一派丁火。大奸大詐之徒。如無甲引丁。孤鰥到老。丁火見甲。必主麟趾振振。芝蘭繞膝。
或成水局。壬癸兩透。則木浮矣。不特貧賤。而且夭折。得一戊救。方可。
冬月乙木。雖取戊制水。不可作用。專取丙火。則可。
乙木生於冬至之後。坐下木局。得丙透干者。富貴之造。即丁出干。亦有衣祿。須忌癸制丁。
乙木生於冬月。己土透干。又有丙透。大富貴之造。

十二月乙木

木寒宜丙。有寒谷回春之象。得一丙透。無癸出破格。不特科甲。定主名臣顯宦。丙火藏支。食餼而已。干支無丙。一介寒儒。

或四柱多己．不逢比刦．乃為從財．富比王侯．若見比刦．貧無立錐．
雖或一派戊己．見甲頗有衣祿．專以丙火為用方妙．

正月丙火

三陽開泰．火氣漸炎．取壬為尊．庚金佐之．
壬庚兩透．科甲定然．即壬透庚藏．亦有異途顯達．
若一庚高透．支藏一二丙火．納粟奏名．主為人慷慨英雄．有才邁衆．
或一派庚辛混雜．常人．
得時月兩透庚金．無辛者．定主清貴．
或辛年辛時．名為貪合．酒色之徒．女命一理．
或丙少壬多．而無戊制．名殺重身輕．斯人笑裏藏刀．尋非痞棍．或見一戊制壬．反成富貴．宜見一二比肩方妙．
或一片戊土．甲不出干．終非大器．且恐孤貧．正月之丙．忌戊晦光．或支成火局．專取壬水為貴．無壬癸亦姑用。若壬癸俱無。取戊以洩火氣。但屬常人。

或支成火局。又作炎上而推。但不逢時耳。若不見東南歲運。反致孤貧。

或四柱有甲木。得庚金暫制。可作秀才。

無壬用癸者。略富貴。且官殺亦要旺相有根。丙火無壬。多主貧賤。屢徵屢驗。

或火多無水。一至水鄉。必死。不然。定有災咎。惟五月丙火。合炎上格。則不喜水破格。

用癸無根。定主目疾。

二月丙火

陽氣舒升。專用壬水。壬透大干。不見丁化。加以庚辛己亦透。壬水有根。定主科甲。

或無壬水。己土姑用。主有才學。雖不能成名。必衣食充足。

或一派壬水。見一戊制。雖不科甲。亦有恩庇。或無戊透。則有辰戌丑未之戊。但辰宮癸水。貪合成火。不能制壬。此平常衣祿。若支下全無一戊。此係奔流之人。加以金多生水。下賤之命。

或一派戊土。亦用壬水。運喜行木。見土不祥。行火亦不利。

或丙子日辛卯時。乃從化格。但不逢時。貪財壞印。難招祖業。若得一二重丁火破辛。壬水得位。亦主富貴。雖不科甲。亦有異途名傳郡邑。

或月時見二辛卯日乃丙子名為爭合。年不透丁制辛。此人昏迷酒色。年透丁火。反吉。或支成木局。反因奸得財因酒得名。

三月丙火

氣漸炎升。用壬水。

或成土局。取甲木為輔。壬不可離。

壬甲兩透。科甲定宜。惟忌庚出制甲。則秀才而已。

無甲用庚。助壬水洩土氣。

壬透甲藏。富大貴小。有甲無壬。勞碌濁富。壬藏無甲。一介寒儒。壬甲兩無。愚賤之輩。

乙丁雜亂。定必屬凡夫。

四月丙火

建祿於巳。火勢炎炎。宜專用壬水解炎威之力。成既濟之功。如無壬水。孤陽失輔。難透清光。得庚發水源。方為有根之水。壬庚兩透。不見戊土。號曰湖水汪洋。廣映太陽。光輝顯著。文明之象。人合此格。不但科甲崢嶸。必有恩諡封榮。若不驗。必暗損陰德。

或無壬水。癸亦姑用。見庚透癸。不富必貴。但心性乖僻。巧謀善辯。

或壬癸俱無。愚頑之輩。火炎無制。僧道之流。不然須防夭折。

或一派庚金。不見比劫。有富無貴。

或丙午日干。四柱多壬。不見戊制。名曰陰刑殺重。光棍之流。或支水局。加之重重壬透。一無制伏。盜賊之命。如見己土。下賤鄙夫。

五月丙火

煎炎。得壬庚高透。方為上命。或一壬無庚。亦主貢監。猶防戊己出干。丁壬化合。則為平人。

卽不透庚壬或有甲宮長生之水濟之坐祿之金至妙必入詞林又怕戊己雜亂則爲異路

或成火局不見滴水者乃僧道鰥獨之命

卽有一二癸水多遇火土用之無力瞽目之人

得戊己透洩火氣亦主刑尅孤寡行北運多凶何也所謂燥烈水激反凶

或成炎上格柱運不見庚辛多見甲乙者反主大富貴然亦不可見水運

或有庚癸透者衣祿充足支火輕無目疾支見水者異途或成土局又爲洩太過得壬滋甲出干土被制

而火得生扶此必富貴壽考之格也

六月丙火

退氣三伏生寒壬水爲用取庚輔佐

庚壬兩透貼身相生可云科甲名宦若無庚有壬不見戊出小富小貴見戊制壬則爲鄉賢而已

或己土出干混雜此必庸夫俗子或壬水淺己土出干其人貧困無壬下格賤而且頑男女一理

或天干一派丙火陽極生陰干支兩見庚壬登科及第

總之。六月丙火用壬。不同餘月用壬。喜運行西北。六月用壬。喜運行西南。

七月丙火

太陽轉西。陽氣衰矣。日近西山。見土皆晦。惟日照湖海。暮夜光天。故仍用壬水輔映光輝。

如壬多。取戊制方妙。有壬透干。又見戊土出干。可云科甲。如戊藏支內。不過生員。多壬無戊。平常人也。

或戊多壬少。亦屬常人。

或多壬一戊。出制。所謂衆殺猖狂。一仁可化。必主顯達。有權職。

一派辛金。又爲棄命從財。奇特之造。雖不科甲。亦得恩榮。但多依親戚而爲進身之階。

八月丙火

日近黃昏。丙之餘光。存於湖海。仍用壬水輔映。

四柱多丙。一壬高透。爲奇。定主登科及第。富貴雙全。一壬藏支。亦主秀才。

或戊多困水。則假作斯文。

心一堂術數古籍珍本叢刊 星命類 一二六

若無壬水癸亦可用但功名不久

或見辛透不能從化貧苦到老或見一丁制辛爲人奸詐不識高低女命合此長舌淫賤

或成金局無辛出干此非從財乃朱門餓莩

如辛出干不見此刼此從財格反主富貴親戚提拔妻賢内助

九月丙火

火氣愈退所忌土晦光必須先用甲木次取壬水

甲壬兩透富貴非凡

若無壬水得癸透干亦可雖不科甲異路功名壬癸藏支貢監而已

甲藏壬透無庚破甲可許秀才

或庚戊困了水木定是庸才

無甲壬癸者下格

或一派火土雖不太旺亦自燥矣如不離鄉過繼亦主奔流加以無庚辛壬癸出干必爲夭命

或支戌火局炎上失時若運入南方一貧徹骨

十月丙火

太陽失令得見甲戊庚出干可云科甲主爲人性好清高斯文領袖
如辛透見辰名化合逢時主大貴
或壬多無甲乃作棄命從殺即不科甲亦是官僚
或壬多有甲無戊却非從殺宜用己土混壬
總之十月丙火木旺宜庚水旺宜戊火旺用壬隨宜酌用可也

十一月丙火

冬至一陽生弱中復強壬水爲最戊土佐之
壬戊兩透科甲可許
無戊見己異路功名

或無壬水有癸出干得金滋無傷又有丙透以解凍可許衣衿
或一派壬則專用戊土此人雖不成名文章邁衆但名利虛浮何也因戊晦光又須甲木爲樂也或無壬水癸亦可用但不甚顯
或四柱多壬無甲乃作棄命從殺亦有雲路
或水多有甲無戊却非從殺宜用己土濁壬

十二月丙火

氣進二陽侮雪欺霜喜壬爲用己土司令土多又不可少甲
壬甲兩透科甲堪宜甲藏則秀才而已
或無甲得一壬透富中取貴
如見一派己土不見甲乙名假傷官聰明性傲名利虛浮
或一派癸水得己出干必主自創基業
若制伏太過又取辛金作用得見癸透此人即不成名必清雅文墨之士

正月丁火

甲木當權。乃爲母旺。非庚不能劈甲。何以引丁。姑用庚金。

或一派甲木無庚制之。非貧卽夭。或只一甲木。多見乙木者。必離鄉之客。焉問妻兒。或見甲乙。生庚子時。

又主妻早子早。且可採芹。

得壬化木。弱極復生。合此必主大貴。但此化合。反以不見庚破格爲妙。

或有庚金壬癸。得己出干制之。此命不由科甲。亦有異途。

或一派壬癸。不得寅時。又無庚金。必主窮困。

或支火局。無滴水解炎。僧道之命。見甲出。略可。總不可無水。水多亦不宜。

二月丁火

濕乙傷丁。先庚後甲。非庚不能去乙。非甲不能引丁。

庚甲兩透。科甲定然。庚透甲藏。亦有生貢。甲透庚藏。異路功名。

或庚乙俱透。庚必輸情於乙。未免貪合。運行金水。一貧徹骨。或庚透乙藏。則不能貪合。乙反引丁。卽用乙亦無害。運入木火之鄉。自然富貴。

若盡是乙木。不見一甲。此人富貴不久。因貪致患。弄巧反拙。且不能承先人之業。

或支成木局。有庚透。主淸貴。不見庚者。常人。

二月乙木司權。必須有庚。有乙無庚。主貧苦無依。得印旺殺高。大富大貴。

或一派水。無一戊制。主貧苦無依。或乙少癸多。有戊出制。反吉。

三月丁火

戊土司令。洩弱丁氣。先用甲木引丁制土。次看庚金。庚甲兩透。定主科甲。或一藏一透。終非白丁。

或支成木局。取庚爲先。得庚透。丁癸不透。亦有異路功名。

或支成水局。加以壬透。名殺重身輕。必夭折天年。或遭凶死。或戊己兩透。廊廟之客。若一甲破土。定是常人。

四月丁火

乘旺。雖取甲引丁。必用庚劈甲。伐甲方云木火通明。甲多。又取庚爲先。

但四柱忌見癸水。癸水一見洩庚濕甲傷丁。故以癸爲病。

或癸水藏支。壬水出干制丙。不奪丁光。自是鴈塔題名。玉堂清貴。

或有庚無甲。戊透天干。此爲傷官生財。又取戊爲用。必主富貴。戊土出干。不見甲乙。又不見水。是傷官傷盡。八字清高。但不大貴。亦不大富。見水多。木多。定是常人。

或四柱多丙。不見壬癸。奪了丁光。此人貧苦。或丁年巳月丁巳日丙午時。一丙不奪二丁。卽不顯達。亦名播四鄰。

五月丁火

時歸建祿。不宜亂用甲木。

遇年透隔位之壬。不貪丁合者。忠而且厚。

或支成火局干見火出得庚壬兩透者科甲定然土透制壬常人卽壬藏支中亦非白丁但要運行西北方可發達

得一癸透名獨殺當權出人頭地

若見寅辰亥卯字化木生火平常人物豐衣足食中年富但刑尅子息勞而無功或丙午月丁未日辛亥時亥中有壬制丙不致貧苦若丙午時則滴水難救炎火必主僧道若年支見子雖不科甲亦有衣衿

若干支無火局有水透干須用甲木又要庚劈甲方明木火通明主大富貴或木少火多焚其木性不能光透九霄榮華不久

或生月是祿支皆生旺合局加以火出無滴水解炎乃身旺無依孤貧之格女必爲尼卽運北方反主凶危

六月丁火

陰柔退氣但値三伏生寒丁弱極矣專取甲木壬水次之

若得甲出天干支成木局見亥中之壬爲木神有根接引丁火必然科甲

即不見木局支見壬水雖不大貴亦有淩雲之氣無庚不妙

或支成水局見水透干則濕木性不能引丁必爲平人有甲透有才幹有庚透無刑傷若無甲木假名假利

或年月日時皆一派丁未之類此爲純陰終無大用

三秋丁火

三秋丁火退氣柔弱專用甲木金雖乘旺司權無傷丁之理仍取庚劈甲爲引火之物或借丙暖金晒甲不慮丙奪丁光

凡兩丙夾丁者夏月忌之餘月不忌但此格少年困苦刑尅中年富貴必要地支見水制丙方妙

三秋甲庚丙并用仍分優劣何也七月甲丙申中有庚八月甲丙庚皆用七八月或無甲木乙亦可用爲枯草引燈却不離丙晒也九月專用甲庚

大抵甲不離庚乙不離丙其理極明或見甲庚丙皆透必主科甲無甲用乙者富貴皆小且富而不貴者多

或一重壬水。又多見癸水。必以戊土爲制。自然富貴光輝。

或一派庚金。名財多身弱。主富屋貧人。妻多主事。或壬多洩庚。丁壬化殺。反成富貴。若庚多無壬。奔流下賤。

或八月一派辛金。不見庚金。又無比刦。此棄命從財。富而且貴。雖不科甲。亦有異途。

或九月一派戊土。洩丁火之氣。不見甲木。爲傷官傷盡。非尋常可比。或甲木透出。爲文書清貴。秋闈可奪。用甲者。庚不可少。

三冬丁火

三冬丁火。微寒。專用庚甲。甲乃庚之良友。凡用甲木。庚不可少。無庚無甲。何能引丁。難云木火通明。冬丁有甲。不怕水多金多。可稱上格。甲庚兩透。科甲分明。見己則否。己多合甲。則爲常人。

或一丙奪丁。必賴支內水救。若有支金發水之源。官拜烏台有准。全無癸水制丙。無用之徒。或有金無水。貧寒之士。有水無金。又主清高。

或時月二壬爭合。取戊破之。有戊稍有富貴。無戊常人。設戊藏得所。不失衣衿。

或二丙奪丁得年干有癸支下帶合金水得所亦必顯達納粟奏名必驗
或仲冬水多癸旺全無比印此作棄命從殺亦有異途功名見丁比出干難合格局常人且主骨肉浮雲
六親流水戊出破癸頗有兄弟妻兒
三冬丁火甲木爲尊庚金佐之戊癸權宜酌用可也

正二月戊土

卽有甲癸若無丙除寒如萬物生而不長故無丙者富貴艱辛
或有丙無甲癸者名曰春旱如萬物生而多厄無甲癸者一生勤苦勞而無功
或一派丙火有甲欠癸先泰後否或支成火局不見壬癸僧道孤貧癸透者貴壬透者富
用水者要審水之多少或一派甲木無丙常人得一庚透方妙或支成水局甲又出干又有庚透富貴雙全
或無庚金又無比印難作從殺定主遭凶不然必爲盜賊若日下坐午不得善終
或一派乙木爲官殺會黨卽有庚從却難制乙此人內奸外直口是心非加一甲在內無庚必懶惰自甘

心一堂術數古籍珍本叢刊　星命類

好食無厭。或丙多甲多。宜以癸庚參用。

三月戊土

司令。不見丙甲癸者。愚而且賤。甲癸透者。科甲。丙癸透者。生員。甲癸俱藏者。只可云富。有癸。異途。

若丙多無癸。旱田無水。不能種苗。舊穀已沒。新穀未登。此先富後貧之造。

或火多有壬透者。先貧後富。癸透先賤後榮。壬藏不過食足。癸藏不過名傳。即此亦須運美。

或支成火局。得癸透者。富貴天然。壬透富貴辛苦。何也。癸乃天上甘霖。壬乃江河波浪。所以有勞逸之殊。

支成木局。又甲乙出干。此名官殺會黨。官殺無去留之義。得一庚透。掃除官殺。亦主富貴。無庚乃淺薄之人。宜用火洩木氣。

或木多無比印透。作從殺而論。亦富貴。

或有比印。專看癸透。取癸而成貴格。無癸。無火無金。名為土木自戰。主腹中疾病。憂愁艱苦。

四月戊土

陽氣發升。寒氣內藏。外實內虛。不畏火炎，無陽氣相催。萬物不長。故先用甲疏劈。次取丙癸爲佐。
丙透甲出。廊廟之材。丙癸俱透。科甲之士。卽透一位。支藏得所。終非白丁。
若一派丙火。爲火炎土燥。僧道之流。得一癸透壬藏。功名有准。或支藏癸。衣食充足。但骨肉多刑。
化合成局。無破富貴非輕。
或支成金局。干出癸水。此爲奇格。正是土潤金生。卽不爲桃浪之客。定有異路恩榮。

五月戊土

仲夏火炎。先看壬水。次取甲木。丙火酌用。用癸力微。
壬甲兩透。名君臣慶會。自然桃浪先聲。權高位顯。又得辛透年干。官居一品。
若支成火局。卽透癸水。不能大濟。是一杯水。難濟車薪火也。人命合此。卽好學不倦。亦不能成名。且主目疾。若得壬水出干。則非此比。
又或土木重重。全無滴水。僧道孤貧之輩。

六月戊土

遇夏乾枯。先看癸水。次用丙火甲木。

癸丙兩透。科甲中人。

或有癸無丙見甲可許秀才。無甲略富。

或有丙無癸假道斯文。衣食頗足。

或癸透辛出以刀筆之才可謀異路。

無癸丙者常人若又無甲。下賤之輩

或土多得一甲出不見庚辛爲人作事軒昂。性情謙愼。即不顯揚。亦文章驚世。

七月戊土

陽氣漸入。寒氣漸出。先丙後癸。甲木次之。

丙癸甲透者。富貴極品。癸藏丙透。不僅秀才。丙甲兩透。癸水會局藏辰。亦不失富貴。無丙得癸甲透。此人清雅。家富千金。無癸甲者。常人。有丙火。妻賢子肖。若丙甲癸三者俱無。下流之命。

或支成水局。休作棄命從財。宜取甲洩之。甲透者稍有富貴。

八月戊土

金洩身寒。賴丙照暖。喜水滋潤。先丙後癸。不必木疏。

丙癸兩透。科甲中人。丙透癸藏。可許入泮。癸透丙藏。納貲得官。若丙藏又無癸。卽多不透。此皆常人。癸丙全無。奔流之客。

或四柱皆辛。無丙丁。此名傷官格。爲人清秀。卽不能拾芥。亦可武庠。一見癸水。富而且貴。

或支成水局。壬癸出干。此名財多身弱。愚懦無能。若天干有比刦分散財神。頗言衣食。

九月戊土

當權。不可專用丙。先看甲木。次取癸水。却忌化合。

見金先用癸水。後取丙火。配合支干。方成有生之土。定發雲程。

或無丙有癸。不見甲透者。衣衿小富。無癸丙。有甲者。衣食而已。若癸甲全無。雖有丙火。亦屬平常。或爲僧道。

或支成水局。壬癸透干。用戊止流。有比透。反主富。

支成火局。名土燥不發。

得金水兩透。此人清高。略可富貴。無水。一生困苦。

十月戊土

時値小陽。陽氣略出。先用甲木。次取丙火。非甲土不靈。非丙土不暖。安能發生萬物。甲丙兩出。富貴中人。

或甲得長生。遇支藏得地之水。一丙高透。亦主身貴揚名。支見庚金。入泮而已。

若不見庚金甲木。藏支丙火高透。科甲有之。

若有庚。丁出制。必異路功名。或爲典吏。即庚丁不透。甲丙藏支。亦云富貴。

壬透得戊救丙。主富中取貴。丙甲俱無。必爲僧道。

十二月戊土

十二月嚴寒氷凍．丙火爲尊．甲木爲佐．丙甲兩透．桃浪之人．丙出甲藏．採芹食餼．丙藏甲出．佐雜前程．丙無甲者．豪富．甲無丙者．清貧．丙甲全無．下流之造．

或一派丙火．加以丙透．運值火土．弱中復強．又一壬透干．主清高榮祿．乏壬．僧道孤寒．

或一派水土寒滯．不見一丙．得一癸透月時．亦不失儒雅風流．

或一派壬水．不見比刦．可作從財而論．

即有比刦．得甲出干．又主富貴．若寒土無丙．雖有甲木．亦是內虛外實之人．

或二癸透月時，名爲爭合．終屬勞碌之人．得一己出干．制癸．反爲忠義之士．舍己從人而論．

年月透辛金者．又屬土金傷官．異路功名可許．

正月己土

田園猶凍。蓋因臘氣未除。餘寒未退。故丙爲尊。得丙照暖。萬物自生。忌見壬水。反爲己病。何也。壬乃江湖之水。湖水一發。則田園洗蕩。變爲沙土。而根苗盡沒矣。須戊作堤。以保園圃。壬多要見戊制。有戊出干者。定主玉堂金馬。若乏戊制。必屬平常。

或一派甲木。有庚出干。加以癸丙齊透。配得中和。亦名利雙全。

卽丙生寅月。庚透天干。亦有俊秀。

若甲多無庚。殘疾廢人。宜用丁洩。

或一派火。卽不見水。無礙。何也。正月己土寒濕。必丙燥暖。反主厚祿。加一癸透。科甲自然。戊透反作常

或一派戊土。有甲出制。又主榮顯。如見乙出。雖多不能疏土。且乙多者奸詐小人。

二月己土

陽氣漸升。雖禾稼未成。萬物出土。田園未展。先取甲木疏之。忌合。次取癸水潤之。

甲癸出干。定主科甲。加以一丙出透。勢壓百僚。一見壬水。微末官職。

或見庚制甲。壬水出干。比刧重重。此必俗子。丙透猶有小富。丙藏衣祿無虧。

或支成木局。庚透富貴。若柱多乙木。乙又屈庚。庚必輸情於乙。不能掃邪於正。此必狡詐之徒。運入東南。恐有不測。當用丁洩之。有丁者。小人而已。不致無良。

無比印。從殺者貴。

若柱中無甲丙癸者。皆下格。

三月己土

正栽培禾稼之時。先丙後癸。土暖而潤。隨用甲疏。三者俱透天干。必官居黃閣。或三者透一。科甲定然。但要得地。却以庚金爲病。

或有丙甲無癸。亦可致富。但不貴顯。或有癸而無甲丙。亦有衣衿。或有丙癸無甲。亦係才人。丙癸全無。流俗之輩。

或一片乙木。無金制伏。貧而且夭也。

三夏己土

雜氣財官。禾稼在田。最喜甘沛。取癸為要。次用丙火。夏無太陽。禾稼不長。故無癸曰旱田。無丙曰孤陰。

或丙癸兩透。又加辛金生癸。此富貴之格。名水火既濟。鼎甲之人。却忌戊癸化合。

或有丙無癸。有壬亦可。但不大發。

或一派丙火烈土。加以丁火制辛。癸水無根。如七八月之間旱。則苗槁矣。此命孤苦零丁。

或有甲木。又見丙火重重。無滴水解炎。亦孤貧到老。

如有壬水。又見庚辛。此又不作孤看。但恐目疾心腎肝臟之災。

若壬水有根。辛金得地。又非此而論。

或壬癸并出。破火潤土。此人聰穎特達。富中取貴。又轉禍為福也。

三秋已土

萬物收藏之際。外虛內實。寒氣漸升。須丙火溫之。癸水潤之。不特此也。且癸能洩金。丙能制金。補土精神。

則秋生之物。咸茂矣。癸先丙後。

丙癸兩透。雁塔題名。或無癸有兩丙透者。異途顯達。或武職權高。或有丙火不見壬癸。為假道斯文。終無誠實。或有壬癸無丙者。衣食充足。才能而已。

或支成金局。癸透有根。此人家蓄萬緡。富中取貴。

或支四庫。甲透者富。乏甲者孤貧。

或甲出無癸。乏金。積德可全科甲。

或會火局。無水救。乃大奸大惡之徒。

或丙透癸藏。遇金頗有選拔。加一壬輔。富貴慷慨。有賢聲。見戊透者。主遭凶厄且貧。

八月支成金局。無丙丁出救。此人零丁孤苦。如得丙透丁藏。生己元神。此人名魁天下。五福完人。

總之三秋己土。先癸後丙。取辛輔癸。九月土盛。宜甲木疎之。餘皆酌用。

勾陳局備潤下。勞碌奔波之客。土凝水竭。離鄉背井之流。

三冬己土

濕泥寒凍。非丙暖不生。取丙為尊。甲木參酌。戊土癸水不用。惟初冬壬旺。取戊制之。餘皆用丙丁。但丁不能解凍除寒。不能大濟。

或干透一丙，支藏一丙，加以甲透，科甲有准，即藏丙無制，亦主衣衿。
或多壬水，得戊透制之，此命安然富中取貴，不見戊土，富屋貧人。
凡三冬己土，見壬水出干，爲水浸湖田，此人孤苦，若見火不孤，見土不貧。
或一派癸，不見比劫，此爲從財，反主富貴，雖不科甲，恩誥有之，若見比爭，平常人物，妻子主事。
或一派戊己，取甲制之，甲透者富貴。
或一片辛庚，須用丙火，還須丁火爲助，丙藏，富貴奇特之命。

正月庚金

木旺之際，有土皆死，不能生金，且金之寒氣未除，先用丙暖庚性，又慮土厚埋金，須甲疎洩。
丙甲兩透，科甲顯榮，二者透一，亦有生監，丙藏甲透，異路功名。
或柱中土多，甲透者貴，甲藏者富，庚出則否。
或丁火出干，加以戊己，而無水者，又主富貴，何也，寅中甲木引丁有根，無水爲病，名官星有氣，財旺生扶。
故以富貴推之，如火多則用土。

或支成火局壬透有根者大富貴無根者小富貴之水者殘疾之人
或木被金傷無丙丁出制支無丁火此係平人
或丙遭癸困無戊制者亦然
總之正月庚金丙甲爲上丁火次之春金多火不夭則貧
陽金最喜火煉煆煉太過反主奔流

二月庚金

柱中自然有乙當令之乙　庚必留情於乙此金有暗強之勢如秋金一理故二月庚金專用丁火借甲引丁借庚劈甲無丁用丙者富貴多出於勉強
或丁在干甲透引丁支下再見一庚制甲配得中和必然大貴
如不見庚合者雖丁甲兩透亦屬平人
春丁不旺不衰故用甲爲佐丁之物甲若無庚劈則不能引丁乙木雖多又忌濕乙傷丁難爲丁母故有丁甲無庚者常人有丁庚甲不出干者常人或丁透無庚甲者可許貢監無丁有丙者異功路名

或一片甲乙，忌庚出幫身破財，乃從財格，反主富貴，若見一比，又主孤貧。
死金嫌蓋頂之泥，重見戊己，如人壓伏之象，須甲透爲妙。

三月庚金

戊土司令，無生金之理，有埋金之憂，故先甲後丁，不用庚劈甲。
三月之庚，土旺金頑，頑金宜丁，旺土須甲，乏甲不能立業，乏丁焉能成名，二者少一，富貴不眞。
庚金無火，非夭則貧，身弱財多，富貴不久。
得丁甲兩透，不見比肩，科甲之命，但要好運相催，甲透丁藏，採芹拾芥，甲藏丁透，異路功名，丁甲俱藏，不受庚制，富中取貴，刀筆起家，有甲無丁，平常之輩，有丁無甲，迂儒腐儒，丁甲兩無，下賤之流。
或一甲無丁，有丙由行伍而得官職，須不見壬癸爲妙。
或支成土局，無木，貧賤，僧道，見乙，奸詐小人。
或支成火局，癸水透，富貴，有丙丁出干，見壬制之，方吉，無制，殘疾之人。

四月庚金

長生於巳。巳內有戊丙。不鎔金。故不畏火炎。丙亦可作用。但先壬水。方得中和。故曰羣金生夏。喜用勾陳。次取戊土丙火佐之。三者皆全。登科及第。卽透一二。亦非白丁。或一派丙火。名曰假殺爲權。須不見壬制者。此人假作清高。並無仁義。刑妻剋子。有壬制者。又主榮華。壬藏支者。有富貴之名。而無其實。

或支成金局。變弱爲強。用丙無力。用丁方妙。故丁透者吉。無丁無用之人。

或丁出三四。煆制太過。其人奔波。

四月庚金。須用壬丙戊。但非拘執。先後宜分病用藥。

劍戟成功。入火鄉而反害。金逢火已損。再見火必傷。庚辛火旺。怕南方。逢辰巳之鄉。又爲榮斷。

五月庚金

丁火旺烈。庚金敗地。專用壬水。癸又次之。

壬透癸藏支見庚辛必然科甲切忌戊己透干制水則否戊藏支內不失儒林

或壬藏支有金生助又得金神出干明經之貴

或癸出帶辛異路之榮

或支成火局乏水者奔波之客有壬癸制者捐納之人又見戊己透者則否無壬癸制火者又宜戊己出干補金洩火庶不夭折孤貧

總之仲夏無水必非上格或一派木火無傷印比刦又作從殺而論

六月庚金

三伏生寒頑鈍極矣先用丁火次取甲木

丁甲兩透名顯身榮忌癸傷丁有甲無丁庸俗有丁無甲生員丁甲全無下賤之人木雖有丁不透支又見水執鞭之士丁火無傷貿易之流

支會土局甲先丁後甲透者文章顯達丁透者刀筆揚名

或柱多金有二丁出制異路功名

七月庚金

剛銳極矣專用丁火煆煉次取甲木引丁故曰秋金銳銳最爲奇壬癸相逢總不宜如逢木火來成局試看福壽與天齊如得丁甲兩透定步青雲若有丁無甲爲俊秀有甲無丁是平人丁甲兩無無用物只堪門下作閒人

或支成水局乏丁用丙柱中即有丙火不見甲木者必主愚懦何也當時金水兩旺金生水以制火何能發達或見甲出引丁可云生監甲弱者衣食充盈

或支成土局先甲後丁

支成火局富貴中人

金剛木明行商坐賈之人

金備申酉戌之地富貴無疑

金神入火鄉逢羊刃富貴榮華

八月庚金

剛銳未退。用丁甲丙不可少。若丁甲透。又見一丙。功名顯赫。且見羊刃。無刑冲。丙殺藏支。名爲羊刃架殺。主出將入相直介忠臣。

或丙火重重。一丁高透。亦主科甲。丙出丁藏。異路之仕。

或甲藏支火透而水不透者。亦主清高衣衿可望。

或丁藏支內重見丙火者。此名假殺重重。雖羊刃帖身。却難從殺也。

即一丙透秀而不富。

或支見重重甲乙無用人也。

總之旺金木衰非火莫制。不見丙丁。藝術之輩。

九月庚金

戊土司令。最怕土厚埋金。宜先用甲疏。後用壬洗。則金自出矣。忌見己土濁壬。

壬甲兩透。科甲相宜。或甲透壬藏。鄉魁可望。甲藏壬透。廩貢堪謀。有甲無壬。猶有學問。有壬無甲。莫問衣衿。壬甲兩無。則爲下格。

或支成水局。丙透救之。此人才高邁衆。名重鄉閭。不見癸水。一榜可許。

或四柱戊多金旺。全無甲壬者。卽有衣祿。亦不能久。

或庚戊多無壬甲者。愚頑之輩。

十月庚金

水冷性寒。非丁莫逆。非丙不暖。

丁甲兩透。支無水局。一榜有之。支藏丙火。桃浪之仙。支見亥子。得己出制。亦有功名。

若見丙透無丁者。决無顯達。丁藏甲透。武職之人。以上不合者。庸俗。

如金水混雜。全無丙丁者。鄙夫。支成金局。無火者。僧道之命也。

十一月庚金

天氣嚴寒。仍取丁甲。次取丙火照暖。或丁甲兩透。丙藏支中。必主科甲。卽無丙火。亦有衣衿。
有丁無甲。亦可富中取貴。有甲無丁。只作常人。或丙透丁藏。異途名望。丁藏有甲。武學可許。
或重重丙火。可許一富。但不清高。丙戊生寅。或丙底坐寅。有一二者。富眞貴假。若見癸透。一介寒儒。
或支成水局。不見丙丁者。此乃傷官格。爲人清雅。衣祿常盈。但子息艱難耳。
或丙丁太多。名官煞混雜。最無良。又怕身輕有損傷。如遇東南二運地。焉能挨得過時光。
遇於清冷。似有凄涼。柱中一派金水。不入火土之鄉。主一生孤貧浪蕩。難望有成也。

十二月庚金

寒氣太重。且多濕泥。愈寒愈凍。先取丙火解凍。次取丁火煉金。甲亦不可少。
丙丁甲透者。卽不科甲。亦有恩榮。有丙無丁甲者。富中取貴。有丁甲無丙者。特達才人。有丙丁無甲者。白手成家。刀筆亨通。乏金更美。或支成金局。無火。僧道之流。

正月辛金

陽氣舒而寒未除。不知正月建寅。中有長生之丙。解去寒氣。忌甲木司權。辛金失令。取己土為生身之本。欲得辛金發現。全賴壬水之功。己壬兩透。支見庚制甲。科甲定然。或己土透干。支中有甲。異路恩榮。或己土不全。號曰君臣失勢。富貴難全。或有丙火出干。亦主武學。或見壬無己庚者。貧賤之徒。

或支成火局。即壬水出干。不剋己土。亦尋常之人。

或庚壬兩透。破局制火。必為顯達之人。

或支成水局。不見丙火。名為金弱沉寒。平常之士。書曰。金水性寒。寒到底。凄涼難免。少年憂。得丙透照暖。反主富貴。

故正月辛金。先己後壬。己為君。庚為佐。如用丙火。須參看。

辛金珠玉最怕紅爐。辛逢卯日子時。名曰朝陽。

二月辛金

陽和之際。壬水為尊。見戊己為病。得甲制伏。則辛金不致埋沒。壬水不致混濁。合此者。必身入玉堂。故二月辛金有壬甲透者。貴顯。否則鄉紳。或壬坐亥支。不見土出。可能入芥家。亦小康。得申中之壬者。異途名

望無壬者常人其生尅之理與正月辛金皆同

或壬戊透甲不出干此爲病不遇藥平常之人得乙破戊頗有衣衿但假名假利刻薄乖張

或一派壬水汪洋名金水淘洗太過不得中和略有衣食全無作爲如壬水重重得戊反吉

或支成木局洩盡壬水有庚富貴無庚平人

或支成火局名官印相爭金水兩傷下流之格得二壬出制富貴反奇

辛金生於春季一派壬水而無丙火卽能顯達家無宿舂得壬丙齊透方許大富大貴

三月辛金

戊土司令辛承正氣母旺子相先壬後甲壬甲兩透富貴必然壬透甲藏廩貢不失甲透壬藏富則可云

壬甲皆無平常之格

所忌者丙貪合也如月時皆丙名爲爭合主慷慨風流交遊四海若癸出干制丙可許採芹或支坐亥子之鄉支又見申卽非玉堂亦必高增祿位若戊出干制水不見甲乙淸閒之人

又或支見四庫名土厚埋金不見甲制愚頑之輩

或四柱火多。無水制伏。名火土雜亂。主作緇衣。見癸可解。
或比刦重重。壬癸淺弱。主夭。有甲出干。則貴。然無庚制方妙。

四月辛金

時逢首夏。忌丙火之燥烈。喜壬水之洗淘。
支成金局。水透出干。有木制戊。名一清澈底。科甲功名。癸透壬藏。富眞貴假。若壬癸皆藏。戊己亦藏。略富。
若壬癸俱無。反見火出。必主鰥獨。
或支成火局。有制者吉。無制者凶。
凡火旺無水。取土洩之。
若壬水藏亥。戊不出干。亦主上達。有戊常人。有一甲透。衣祿可求。若有甲無壬癸者。富貴虛浮。所謂羊質虎皮是也。
壬癸甲三者全無。又不合格。斯爲下品。

五月辛金

丁火司權。辛金失令。陰柔之極。不宜煆煉。須己壬兼用。何也。己爲泥沙。壬爲湖海。己無壬不濕。辛無己不生。故壬己並用。無壬癸亦可用。但癸力小。或支成火局。卽重見癸出亦不濟。得壬透破火方可。必主生員。若無壬癸見戊。雖有午宮己土。燥泥成灰。金不煆鎔。反遭埋沒。必爲僧道。有一二重比肩。不致孤獨。

五月辛金。壬癸己三者皆用。

或壬己兩透。支見癸水。不冲。定主顯達。

卽己藏支。亦有廩貢。

或無壬有己。須得異途。

或癸出有庚。必主衣錦叨受恩榮。

若水土多者。見甲方妙。

庚辛生於夏月。要壬癸得地。若木多火多。不見金水。逢金水運必敗。

六月辛金

己土當權。輔助太多。恐掩金光。先用壬水。取庚佐之。

壬庚兩透。科甲功名。卽不出干。藏支得所。亦有榮華。

但忌戊出。得甲制之方吉。甲須隔位。恐貪己合。反掩金光。又塞壬水之流。下賤之格。又忌庚出制甲。

或只有未中一己。見了壬水。又爲濕泥。不可見甲。甲出反作平人。總以一壬一己見庚無甲方妙。與五月用己壬同。

或丁乙出干。又有庚壬者。顯貴。無壬者。否。或支成木局。得壬透。又有庚金發水之源。可云富貴。

七月辛金

値庚司令。不旺自旺。且壬水居申。四柱不見戊土。胎元戊藏申內。爲壬堤岸。人命得此。爲官清正。但不富耳。

或有土無甲。爲有病無藥。常人。有甲者。衣衿可望。

或四柱金多宜水洩之若一派金水得一戊土反爲辛用又宜甲制自然富貴

或干支水多重見戊土逢生得位福壽之造

壬不在多故書曰水滲金多號曰體全之象壬水爲尊甲戊酌用可也癸水不可爲用

八月辛金

當權得令旺之極矣專用壬水淘洗故云金見水以流通如見戊己則生扶太過故以土爲病見甲制土方妙無戊不宜用甲

或四柱一點壬水甲多洩水此爲用神無力奸詐之徒得庚制者反主仁義

或三點辛金一重壬水多見甲木有庚透者主大富貴不見丁爲美若見一丁此人風雅淸高衣食饒裕而已

或一二比肩壬甲皆一無庚出干亦有恩榮

若二三比肩一點壬水戊土多見此爲土厚埋金此人愚懦見一甲出必爲創立之人

或一派辛金一位壬水無庚雜亂又主富中取貴

或一派壬水洩金無戊出制爲沙水同流主奔波貧苦若得支見一戊止流其人頗有才略藝術過人
或支成金局干見比肩無壬淘洗此宜用丁無丁必主凶頑無賴若得一壬高透以洩羣金又名一淸到底定有治國之材
或支成金局戊己透干壬透無火名白虎格運行西北富貴大顯子息艱難或透丙火雖有壬出亦屬平庸
或一二辛金一派己土定爲僧道或干透己土支見庚甲一生安閑
或一派乙木不見庚壬爲財多身弱一見庚制富貴可期
金生秋月土重貧無寸鐵

九月辛金

戊土司令母旺子相須甲疏土壬洩旺金先壬後甲壬甲兩透桃洞之仙或壬透甲藏又見戊者平人甲透壬藏戊藏支內異途之仕
或辛日甲月壬水藏支有庚自能去濁留淸秋闈一榜若戊戌月卽有甲藏支亦否

心一堂術數古籍珍本叢刊　星命類　一六二

總之土太多。甲不出干。莫問功名。得一壬出。洗土助甲。雖不發達。富而可求。

或土多無壬。甲時月多透丙辛者。略貴。加以辰字藏支。則榮顯莫及。

或木多土厚無水者。常人。

或干上重見癸水。雖無淘洗之功。頗有清金之用。此命主富辛苦。

或己透無壬有癸。亦能滋生金力。衣衿之貴。但恐己多。不免濁富。

九月辛金。火土爲病。水木爲藥。

十月辛金

時值小陽。陽漸升。寒氣將降。先用壬水。次取丙火。壬丙兩透。金榜顯名。何也。蓋辛金有壬水丙火。名金白水清。又藏亥月。故發。

丙透壬藏。採芹之造。丙藏壬透。富有千金。壬丙藏支。聰明之士。

戊壬存柱。積蓄之人。或壬多無戊。名金水汪洋。反成貧賤。戊多壬少。又主成名。

或甲多戊少。因藝術而蓄金。

若己多有戊壬水被困金被埋不過誠實之人

或壬癸多無戊丙者勞碌辛苦

十月辛金先壬後丙餘皆參用

十一月辛金

癸水司令爲寒冬雨露切忌癸出凍金而困丙火壬丙兩透不見戊癸衣錦腰金卽壬藏丙透一榜堪圖

或壬多有戊丙甲出干者青雲之客若壬多無戊丙者洩金太過定主寒儒

或壬多甲乙重重無丙火者貧寒

或支成水局癸水出干有二戊制者富貴恩榮無戊者常人

或支見亥子丑干出比刦無丙名潤下格富貴雙全運喜西北

若無庚辛又出甲乙無戊丙者必主僧道

或支成木局有丁出干又見戊者功名特達冬月辛金須丙温暖方妙

心一堂術數古籍珍本叢刊 星命類 一六四

十二月辛金

寒凍之極。先丙後壬。無丙不能解凍。無壬不能洗淘。丙壬兩透。金馬玉堂之客。壬丙俱藏。游庠食餼之人。有丙無壬。富眞貴假。有壬乏丙。賤而且貧。或丙多無壬有癸。市中貿易之流。或水多。有戊己出干。又有丙丁。必主衣食充盈。一生安樂。

十二月辛金。丙先壬後。戊己次之。

正月壬水

汪洋之象。能幷百川之流。然水性柔弱。宜用庚金之源。庶不至汪洋無度。有庚丙戊三者齊透。科甲功名。或庚戊藏支丙坐寅支者。亦有恩誥。卽一庚透。貢監有之。

凡壬日無比肩羊刃者。不必用戊。專用庚金。以丙爲佐。

或見比刼。又有庚辛。此弱極復旺。又宜制伏。戊透。可云科甲。戊藏。則是秀才。然必丙透不合爲妙。

或支見多戊。又有甲出干。名一將當關。羣邪自伏。主光明磊落。名重百寮。
或支成火局。惜不逢時。主名利皆虛。文章駭俗。

二月壬水

寒氣初除。有幷流之象。不用丙暖。專取戊土辛金。
二月壬水先戊後辛。庚金次之。
戊辛兩透。鴈塔題名。戊透辛藏。亦有恩誥。或戊辛不透。有庚出干者。主富。
或支成木局。有庚透者。金榜題名。庚藏支者。異途之仕。
或木出火多。名木盛火炎。須比肩羊刃。尤宜水透。富貴恩榮。乏水者則否。
或比肩重重。又須戊土。書曰。土止流水。祿壽全。若戊不見。名水泛木浮。一生辛苦。再行水運。落水身亡。
或甲乙重重。無比肩者。此依人度日。全無作爲。若見庚辛。飢寒可免。

三月壬水

戊土司權。恐有推山塞海之患。先用甲疏季土。次取庚金。甲庚俱透。科甲定然。甲透庚藏。修齊品格。甲藏有根。可云俊秀。有癸滋甲。必主干城。獨甲藏支。必富。獨庚在柱。常人。無甲。剛暴之徒。乏庚。愚頑之輩。

或時干透丁者。此爲化合。助火不助水。見丁未一理。

或支成四庫。乏甲者。名殺重身輕。終身有損。

凡水旺多見庚金者。乃無用之人。須丙制之方妙。

四月壬水

丙火司權。水弱極矣。專取壬水比肩爲助。次取辛金發源。且暗合丙火。庚金爲佐。

壬辛兩透。金榜有名。或癸辛兩出。加以甲透。亦主異路之榮。無甲者。富貴門下之客。

如無壬。木少火多者。又作棄命從財格。因妻致富。癸透者殘疾。

或四柱多金。得地則弱極復強。須用己中戊土。亦主名利雙全。或異途之貴。若見一甲藏寅。與巳相刑。主有暗疾。名利皆虛。不能創立。

或多甲乙。有庚出干者貴。無庚者否。
或支成水局大貴。

五月壬水

丁旺壬弱。取癸爲用。取庚爲佐。無庚不能發水。無癸不能傷丁。
五月壬水。辛癸亦可參用。其理與四月皆同。
庚癸兩透。科甲必然。庚壬兩透。官居極品。有庚無壬癸者。常人。
或支成火局。全無金水。名財多身弱。富屋貧人。若又甲乙多者。僧道之命。

六月壬水

己土當權。丁火退氣。先用辛金癸水。次用甲木劈土。
六月壬水。先辛後甲。次取癸水。
辛甲兩透。富貴清高。甲藏辛透。貢監生員。辛藏甲透。異途武職。

甲壬兩透無傷有治國之貴即甲藏壬出無破是拾芥之才或支多土火又只清貧
或一派己土此假從殺格爲人奸詐且主孤貧得甲乙出制可救
凡土居生旺之地須用木制方妙
或支成木局洩水太過當用金水爲貴

七月壬水

庚金司令壬得申之長生源流自遠轉弱爲強專用戊土次取丁火佐戊制庚但用辰戌之戊不用申中受病之戊
戊丁俱透科甲生員戊透天干丁藏午戌恩封可待特忌戊癸化合
即支見寅戌年出丁火可許衣衿或丁戊兩藏富中取貴
或四柱多壬戊又透干名假殺化權閬苑之仙支中見甲亦不忌也但太多者常人有庚居申頗有衣祿
或戊多而透得一甲制略貴無甲常人
或一派甲木又見火多無庚出者別祖離鄉隨緣度口蓋申中之庚不能救也

七月壬水．專用戊土．丁火爲佐．

八月壬水

辛金司權．正金白水清．忌戊土爲病．專用甲木．甲木一透制戊．壬水澈底澄清．名高翰苑．若甲出時干．功名顯達．設見庚破．又屬常人．即甲藏支．無庚．秀才可許．

或天干有壬．支見申亥．此非用甲．戊土作用．亥雖有甲．又有申中之金制甲．秀才一定、且富足多財．

或無戊．多金水者．主人清才濁．困苦寒儒．

無甲用金．發水之源．名獨水三犯庚辛．號曰體全之象．

八月壬水．專用甲木．庚金次之．

九月壬水

進氣．其性將厚．若一派壬水．見一甲．制戊中之戊．戊又出干．斯用丙火．此格清貴極矣．正合一將當關．羣邪自伏。或不見丙戊。亦不爲妙。

或一派戊土。無一己庚雜亂。得一甲透時干。玉堂清貴。卽甲透月上。亦主科甲。若支藏己土。一榜可圖。或庚透乏丁。貧賤之人。

或丁透見甲。略貴。

或水多乏丙者。又用戊土。常人。

九月壬水。專用甲木。次用丙火。

十月壬水

司權。至旺之極。取戊爲用。若生辰日干。又見辰時。必須戊透。又須庚制甲。不傷戊土。戊庚兩全。定主登科及第。位顯權高。或甲出制戊。不見庚救者。斷之困窮。戊藏無制。可許生員。或戊庚兩透無甲者。亦主榮顯。

或支成木局。有甲乙出干。得庚透者。富貴。無庚者平常。

或支成木局。不見戊己。名潤下格。運行西北大富貴。行東南者必危。

或丙戊兩透。行火土運。名利雙全。或有丙無戊。可云衣祿。有戊無丙。難許推盈。

十一月壬水

陽刃幫身。較前更旺。先取戊土。次用丙火。丙戊兩透。富貴榮華。有戊無丙。略可言富。有丙無戊。好謀無成。

或支成水局。丙不出干。即有戊土。亦係庸人。或丙透得所。即戊藏支。亦可顯達。須運得用方妙。

或支成火局。一富而已。

或比見月時。年見丁火。平常之輩。支成四庫。富貴中人。或丁出時干。名爲爭合。主名利難成。

或壬子日丁未時。雖不能科甲。亦有恩榮。何也。蓋用子中癸水爲官。號曰用神得地。亦主榮華。

十一月壬水丙戊幷用。

十二月壬水

旺極復衰。何也。上半月癸辛主事。故旺。專用丙火。下半月己土主事。故衰。亦用丙火。甲木佐之。

有丙解凍。名利雙全。丙透甲出。科甲之貴。然四柱無壬。方妙。無丙。卑寒之士。

或四柱多壬。戊透制之。衣衿可望。

心一堂術數古籍珍本叢刊 星命類 一七二

或丁出時干化合成木月干又見丁火無癸破格亦主富貴

或支成金局不見丙丁名金寒水冷一世孤貧見火略可卽丙透遇辛亦不爲妙見丁頗吉

臘月壬水先取丙火丁甲爲佐故水冷金寒愛丙丁

正月癸水

値三陽之候雨露之精其性至柔先用辛金生癸水之源次用丙火照暖名陰陽和合萬物發生辛丙兩透金榜有名

或支成火局辛金受傷有壬出救者富貴無壬者貧窮或丙出天干辛在酉丑亦有衣衿若辛丙皆無貧寒下格或辛透丙藏恩榮之造丙辛在柱以富得官

或戊透月上生辰時不見比刦丙丁出干此爲化合定主腰金見刑冲則否

或支成水局宜有丙透無壬者衣祿不少

若見丙火重重又作貴推

正月癸水辛金爲主庚金次之丙亦不可少若無庚辛雖有丙火無用之人或火多土多殘疾不免

二月癸水

不剛不柔乙木司令洩弱元神專用庚金辛金次之

庚辛俱透無丁出干者貴由科甲無庚辛者常人

或庚透辛藏榮封有准庚藏辛透亦有衣衿庚辛兩藏富中取貴或刀筆揚名

或庚辛重見有己丁出干者亦貴

或支成木局月時又見木者爲洩水太過定主貧困多災即運入西方亦屬無用

三月癸水

要分清明穀雨清明後火氣未熾專用丙火爲陰陽合諧穀雨後雖用丙火尙宜辛甲佐之

三月癸水從化者多得化者榮祿不化者平常

或支成水局又見己土無木乃假殺格有甲出者常人

或支坐四庫又得甲透可謂顯達名揚無甲者僧道孤苦

或支成木局。無金。名傷官生財格。主聰明博學。衣祿充饒。

三月癸水。辛甲皆酌用。

四月癸水

喜辛金爲用。無辛用庚。若辛高透。不見丁火。加以壬透。主科名榮貴。聲播四夷。若有丁破格。貧無立錐。有壬可免。辛藏無丁。貢監衣衿。

或一派火土乏辛。卽有己庚。亦不能生水。又無比肩羊刃。必至熬乾癸水。損目無疑。

若庚壬兩透。洩制火土。名刦印化晉。極貴之造。有丁見干者則否。

如有庚無壬。亦無丁破金者。堪入儒林。有庚無辛者。異路成名。

總之四月癸水。專用辛金方妙。

五月癸水

至弱無根。必須庚辛爲生身之本。但丁火司權。金難敵火。安能滋養癸水。宜見比刦。方得辛金之用。

五月癸水。庚辛壬參酌並用可也。

如庚辛透干。又見壬癸者。定主鐘鼎名家。或有金透支見申子辰者。亦主金榜掛名。或無水出干。支只一水。雖有庚辛。一富之造。故曰水源會夏。富重貴輕。又曰金水會夏天。富貴水無邊。運行火土地。快樂似神仙。

或支成火局。無壬出干。定主僧道。或二壬一庚同透。衣錦腰金。

或一派己土。無甲出制。此作從殺而論。又主大貴。凡從殺者。切不可破格方吉。

六月癸水

有上下月之分。下半月庚辛有氣。上半月庚辛休因。凡六癸日多不驗者。何也。俗士不知此理。因未中有乙己同宮。破而不破。故癸水不能從殺。所以專用庚辛。如上半月金神衰弱。火氣炎烈。宜比劫助身。可云富貴。與五月一理。下半月庚辛有氣。即無比劫亦可。又忌丁透。即丁藏支。亦不吉。其生尅制化。與五月略同。

七月癸水

正母旺子相之時。癸雖死申。殊不知申中有庚生之名。死處逢生。弱中復強。卽運行西北。亦不死也。但庚司令。剛銳極矣。必取丁火爲用。或丁透有甲。名有燄之火。必主科甲。或丁透無甲。又無壬癸。卽有一二庚金。亦有生監。有二丁更妙。或金多乏丁制者。貧困之人。或一丁坐午。名獨財格。主金玉滿堂。富中取貴。若藏未戌。則是常人。或柱見二戌二未。又得丙丁藏支干。見甲出。無水。亦作富貴而推。

八月癸水

辛金。虛靈。非頑金可比。正金白水清。故取辛金爲用。丙火佐之。名水暖金温。如丙與辛隔位同透。主科甲功名。或丙透辛藏。一榜之士。或土多尅水。生意中人。

八月癸水。丙辛皆用。

九月癸水

失令無根。戊土司權。尅制太過。專用辛金發水之源。要比肩滋甲制戊方妙。

或辛甲兩透支見子癸定主平步青雲。或癸甲兩透。富貴成名。或有甲辛無癸者。亦有恩封。或有甲癸無辛者。富大貴小。有甲無癸辛者。常人。二者俱無。貧賤之格。

或有甲見壬者。頗許衣衿。

九月癸水。辛甲并用。

十月癸水

旺中有弱。何也。因亥搖木。洩散元神。宜用庚申爲妙。得庚辛兩透。不見丁傷者。功名有准。

或支成木局。有丁出干。爲木旺火相。制住庚辛。不生水。必主清寒。

或成木局。干見丙丁。異路之榮。

或一派壬水。不見戊制。名冬水汪洋。奔波到老。若得戊透。清貴堪誇。

或一派庚辛得丁出制。主名利雙全。若不見丁。又主貧薄。

或四柱火多。名財多身弱。富屋貧人

十一月癸水

值冰凍之時。金水無交歡之象。專用丙火解凍。庶不致成冰。又要辛金滋扶。無丙有辛不妙。

凡冬季癸水有丙透解凍。則金温水暖。兩兩相生。要不見壬透。自然登科及第。紫誥金章。

或一派壬水無丙出干。寒困之士。一派癸水。孤賤之流。

或支成水局。得丙火重出干者。又主蟒袍玉帶之榮。

或支成金局。丙火無躁者。芒鞋草履之流。

如辛年丙日癸日有火者。主恩榮寵錫。繞膝芝蘭。無火者。捐資得貴。位重當朝。

或一派戊己。名殺重身輕。非貧即夭。

十二月癸水

寒極成冰．萬物不能舒泰．宜丙火解凍．
或丙透年時．加以壬透．支中多戊．名水輔陽光．主顯達名臣．無戊者．異途之職．
若有丙無壬．甕門之客．有壬無丙．戊又出干者．皂隸之流．
或支見子丑．比肩出干．卽有丙透．不能解凍．此屬平常．
或無癸水．有辛與合．亦不爲美．有丁出頗吉．
或一片癸己會黨．年透丁火．名雪後燈光．夜生者貴．日生者否．若無丁火．又主孤貧．
或支成水局．無丙者．四海爲家．一生勞苦．
或支成火局．有庚辛透者．衣食充足．無金出．孤苦零丁．
或支成金局．丙透得地．名金温水暖．彼此相生．定許光大門閭．聲馳翰苑．乏丙者．卽文章駭世．總爲孫山．
或支成木局．洩水太過．主殘病呻吟．得金出干．輔救．技藝之流．
冬月用丙．須丙火得地方妙．不然．卽重重丙火出干．安能輕許富貴哉．

千里命鈔卷三

嘉興韋千里編

分析

論命非易事。既須多看書。又須多看命。多看書。則學理明。多看命。則經驗深。然看命而徒識其輪廓。不究其細微。終亦不得要領。難入堂奧。余之授徒。俟其略得門徑。即教以分析法。分析法三字。余無以名之而名之者也。蓋取每命之八字。除日干外。以其餘七字。逐加分析。爲喜忌用閑四神。喜神者。命局之所喜也。忌神者。命局之所忌也。用神者。命局之總樞紐也。閑神者。既不爲吉。亦不爲凶也。或亦吉亦凶。無關緊要也。久執此法。衡命。易入正軌。不致爲謬說野談。誘入歧途。進步之速。且有出人意料者。茲以有清任鐵樵氏註滴天髓所舉之八字。逐加分析。願與讀者共勉之。任批注重實驗。而學理精微。行文簡練。久爲世重。故併刊焉。

忌
壬寅 忌　春木重逢祿支。得中時。乎時殺留清。不知木旺金缺。必要有火爲佳。天干三壬。寅中

忌
壬寅 忌　丙火受尅神枯可知。至丙運。逢三壬回尅。家業敗盡。夭而無子。凡水木並旺無土者最

甲寅　忌　忌火運。卽不傷身刑耗異常。若俗論必用申金。丙火尅金之故也。如丙火尅金爲害。則

忌　壬申　喜　前之乙巳運。緊尅申金。而且三刑。何反美乎。

閑　庚寅　喜　甲午日元。生於寅月。戊土透出。寅午拱火。順生之機。德性慷慨。襟懷磊落。亦嫌時逢金

用　戊寅　喜　水之擊。讀書未售。破耗多端。兼之中運不齊。有志未伸。還喜金木旺。火土通根。體用不

甲午　喜　傷。後昆繼起。

忌　壬申　閑

閑　戊寅　忌　此成方干透元神。不雜金水。時干丁火吐秀。純粹可觀。初中行運火土。中鄉榜。出宰名

忌　甲寅　忌　區惜木多火熾。丁火不足以洩之。所以運至庚申。不能免禍。此造如時逢丙寅。必中甲

甲辰　閑　榜。仕路顯赫。庚申運丙火足以敵之。亦不致大凶也。

用　丁卯　忌

用　丙寅　閑
忌　庚寅　閑
　　甲申　忌
閑　乙丑　忌

甲木生於立春後四日。春初木嫩。天氣寒凝。日主坐申。月透庚金。丑土貼生申金。木嫩金堅。用火以攻之。喜得年干透丙。三陽開泰。萬象回春。何其妙也。初運辛卯壬辰。有傷丙火。蹭蹬芸牕。癸巳運轉南方。丙火祿旺。納粟入監。連捷南宮。甲午乙未。宦海無波。申運不祿。

忌　壬辰　閑
忌　壬寅　忌
　　甲寅　忌
忌　庚午　用

此造俗以身強殺淺論。取庚金為用。謂春木逢金。必作棟樑之器。勸其讀書必發。至三旬外。不但讀書未售。而且家業漸消。屬予推之。觀其支坐兩寅。乘權當令。干透兩壬生助旺神。年支之辰土。乃水之庫。木之餘。能蓄水養木。不能生金。一點庚金休囚已極。且午火敵之。壬水洩之。不惟無用。反為生水之病。大凡旺之極者。宜洩而不宜尅。宜順其氣勢。弗悖其性也。以午火為用。將來運至火地。雖不貴於名。定當富於利。可棄名就利。如再守芸牕。終身悞矣。彼卽棄儒經營。至丙午運。尅盡庚金之病。不滿十年。發財十餘萬。則庚金為病明矣。

忌　壬子　忌

此俗論木生孟春。時殺獨清。許其名高祿重。不知春初嫩木。氣又寒凝。不能納水。時支

忌 壬寅 喜 申金乃壬水生地．又子申拱水．乃母多滅子．惜運無木助．逢火運與水戰．猶恐名利無
甲子 忌 成也．初行癸卯甲辰．東方木地．順母助子．蔭庇大好．一交乙巳運．轉南方．父母並亡．財
忌 壬申 忌 散人離．丙午水火交戰．家業破盡而亡．

喜 甲申 忌 春初木嫩．兩申雙冲寅祿．又時透庚金．木嫩金堅．全賴丙火逢生臨旺．尤妙五行無水．
用 丙寅 喜 謂兒能救母．使庚申之金．不傷甲木．至巳運．丙火祿地．中鄉榜．庚午運．發甲．辛未運．仕
甲申 忌 縣令．總嫌庚金蓋頭．不能升遷．壬申運．不但仕路蹭蹬．亦恐不祿．
忌 庚午 喜

閒 戊寅 忌 甲寅日元．年月皆寅．滿盤是木．庚金無根．臣盛君衰極矣．喜其午時．流通木性．則戊土
忌 甲寅 忌 弱而無根．臣心順矣．又逢丙辰丁巳戊午己未帶土之火．生化不悖．臣順君安．早登科
甲寅 忌 甲．仕至侍郎．庚申運．不能容臣．不祿．
閒 庚午 用

喜　丁亥　忌
忌　壬寅　忌
　　甲戌　喜
忌　甲子　忌

甲生寅月。得時當令。如用丁火。火爲壬水合去。如用戊土。寅亥生合剋戊。一生成敗不一。刑耗多端。還喜中運不背。温飽而已。所以合之宜者。名利裕如。合之不宜。刑傷破敗。

喜　丁未　喜　財
忌　壬寅　喜　比
　　甲子　忌　印
用　丙寅　喜　比

甲木生於寅月寅時。木嫩氣虛。以丙火解凍敵寒爲用。以壬水剋丙爲忌。最喜丁壬之合。化木反生丙火。癸酉年本屬不吉。喜其在己土運。能剋癸水。棘闈奏捷。戊運卯年發甲。惜限於地。未能大用。

　　甲戌　喜
忌　甲戌　喜
用　丙寅　忌

甲生於寅月。又得亥之生。比劫之助。年日兩支之戌土虛弱。謂君盛臣衰。最喜月透丙火。順君之性。戊土得生。拱之情。則上安而下全。己巳運。火土並旺。科甲連登。庚午辛未。

甲戌　喜　火得地金無根又有丙火回光庚辛不能抗君午未足以益臣仕至藩臬壬申冲寅剋
忌　乙亥　忌　丙逆君之性不祿
忌　辛卯　閒　此寅卯辰東方兼之寅時旺之極矣年月兩金臨絕旺神在提綱休金難剋而且丙火
忌　庚寅　閒　透時木火同心謂強衆而敵寡勢在去庚辛之寡早行土運生金破耗異常進京入部
甲辰　閒　辦事至丙戌運分發廣東得軍功升知縣喜其剋盡庚辛之美至酉庚辛得地不祿宜
用　丙寅　閒　矣

喜　己丑　喜　甲子日元生於孟春木當令而不太過火居相位而不烈土雖多而不燥水雖少而不
用　丙寅　喜　涸金本無而暗蓄則不受火之剋而得土之生無爭戰之風有相生之美爲人不苟無
甲子　喜　驕諂刻薄之行有謙恭仁厚之風
喜　戊辰　喜

心一堂術數古籍珍本叢刊　星命類　一八六

閒 己亥 忌
用 丙寅 喜
甲寅 喜
忌 壬申 忌

甲寅日元，生於寅月，木旺得丙火透出，順生之機，通輝之象，讀書過目成誦，所嫌者，時遇金水之擊，年干己土虛脫，不制其水，衆之初運北方水地，不但功名難遂，而且破耗刑傷，一交辛酉，助水之擊，合去丙火而亡。

喜 丙辰 閒
忌 辛卯 用
甲申 忌
忌 庚午 喜

甲申日元，生於仲春，官殺並透，通根日時，臨於死絕，必用卯之陽刃，喜其丙火合辛，不但無混殺之嫌，抑且卯木不受其制，刃殺神清，且運走南方火地，科甲出身，仕至臬憲。

忌 癸未 喜
忌 乙卯 忌
甲戌 喜

此造柱中未土深藏，戌土自坐，謂財來就我，未嘗不美，祗因四柱無金以成之，五行無火以行之，再加亥時癸水通根生劫，亥卯未全，助起劫刃猖狂，查其歲運，又無成地，以至祖業消磨，剋妻無子，由此推之，命之所重在運，運其可忽乎，諺云人有凌雲之志無

忌 乙亥 忌　運不能自達也。

喜 甲午 喜　此造木火各半兩氣成象。取丁火傷官秀氣爲用。四柱金水全無。純粹可觀。巳運丁火
喜 丁卯 喜　臨官。南宮奏捷。名高翰苑。庚運官星混局。降知縣。夫南方之金。尚有不足。將來西方之
　 甲午 喜　水。難言无咎。
用 丁卯 喜

喜 庚戌 閒　甲木生於仲春。坐祿逢刃。木旺金衰。用土以成之。方能化火生金。斲削以成器。初游幕
用 己卯 忌　獲利納捐。至癸未運出仕。甲申乙酉。木無根。金得地。從佐貳升知縣而遷州牧。
　 甲寅 忌
閒 丁卯 忌

喜 戊寅 忌　此造支類東方。劫刃肆逞。一點微金。成之不足。故書香不繼。初運火土。不失生化之情。

忌 乙卯 忌
甲辰 忌
用 辛未 喜

財源通裕。至庚申辛酉。辛金得地而成之。異路加捐。仕至州牧。癸運生木洩金。不祿。

喜 癸亥 喜
喜 乙卯 喜
甲寅 喜
閒 丁卯 喜

甲寅日元。生於仲春。卯亥。寅亥。拱合。滿局皆木。年干癸水無勢。子旺母孤。其情依乎木。木之性亦依乎水。謂母子情協。初運甲寅癸丑。蔭庇有餘。早游泮水。壬子中鄉榜。辛亥。金水相生。由縣宰遷州牧。庚戌土金並旺。母子不安。詿誤落職而亡。

閒 甲寅 閒
喜 丁卯 閒
甲辰 閒
用 丙寅 閒

支全寅卯辰。東方一氣。化神者丙丁也。發洩菁華。少年科甲。早遂仕路之光。行財地先有食傷化刦之功。行金運又得丙丁回剋之能。交壬破局傷秀。降職歸田不祿。

用　癸卯　喜
喜　乙卯　喜
　　甲寅　喜
閒　辛未　閒

甲寅日元，年月皆卯，又透乙癸，未乃南方燥土，木之庫根，非生金之地，故辛金之君無能爲矣，當存君之子，以癸水爲用，運逢甲寅癸丑，遺緒豐盈，壬子辛亥，名利兩優，一交庚戌，土金並旺，不能容臣，犯事落職，破耗剋子而亡。

喜　乙亥　喜
忌　己卯　喜
　　甲寅　喜
喜　甲子　喜

甲寅日元，生於仲春，滿局皆木，亥卯又拱，時支子水衰極，其情更依乎木，日主戀己土之私情，而不顧母，丁丑運，火土齊來，反不容母，刑傷破耗，丙子、火不通根，平安無咎，甲戌又逢土旺，破耗異常，乙亥癸酉，生化不悖，續絃生子，重振門楣，壬申晚景愈佳，金水相生之故也。

喜　癸卯　喜
喜　乙卯　喜

此造四支皆木，又逢水生，六木兩水，別無他氣，木旺極者似火也，出身祖業本豐，惟丑運刑傷，壬子水勢乘旺，辛亥金不通根，支逢水旺，此二十年經營獲利數萬，一交庚戌，

心一堂術數古籍珍本叢刊　星命類　一九〇

甲寅　喜　　土金並旺。破財而亡。
喜　乙亥　喜

忌　甲辰　忌　　甲子日生卯月。地支兩辰。木之餘氣也。又辰卯東方。子辰拱水。木太旺似金也。以丁火
用　丁卯　忌　　為用。至巳運。丁火臨旺。名列宮牆。庚辛兩運。南方截脚之金。雖有刑耗而無大患。未運。
　　甲子　忌　　剋去子水。食廩天儲。午運。子水冲剋。秋闈失意。壬申。金水齊來。刑妻剋子。破耗多端。癸
喜　戊辰　忌　　運不祿。

閒　甲子　忌　　甲木生於仲春。支逢祿刃。干透比肩。旺之極矣。時上庚金無根為忌。月干丁火為用。通
用　丁卯　閒　　輝之氣。所以早登雲路。仕至觀察。惜無土之閑神。運至壬申。金水體用並傷。故不能免
　　甲寅　閒　　禍耳。
忌　庚午　喜

喜　癸卯　喜
喜　乙卯　喜
　　甲寅　喜
喜　乙亥　喜

甲木生於仲春。支逢兩卯之旺。寅之祿。亥之生。干有乙之助。癸之印。旺之極矣。從其旺神。初行甲運。早采芹香。癸丑。北方溼土。亦作水論。登科發甲。壬子。印星照臨。辛亥。金不通根。支逢生旺。仕至黃堂。一交庚戌。土金並旺。觸其旺神。故不能免咎也。

忌　辛卯　閑
忌　辛卯　閑
　　甲辰　閑
用　丁卯　閑

此造春木雄壯。金透無根。喜其丁火透露。傷其辛金。所以己丑戊子運中。不但得子不育。而且財多破耗。丁亥支拱木而干透火。丁財並益。丙戌愈美。生五子。家業增新。由此觀之。凡八字之用神。即是子星。如用神是火。其子必在木火運中。或木火流年得。如非木火運年得。必子息命中多木火。或木火日主。否則難招。或不肖。試之屢驗。然命內用神。不特妻財子祿。而窮通壽夭。皆在用神一字定之。其可忽諸。

忌　癸卯　忌
喜　丙辰　用

此造財旺提綱。丙食生助。當以財星爲用。丙火爲喜。癸水爲忌。身旺用財。遺業十餘萬。初年交水木運。一敗如灰。至辛亥運。火絕木生。水臨旺地。凍餓而死。以此觀之。不論成

甲辰 喜
喜 丙寅 忌
忌 庚申 忌
忌 庚辰 忌

方成局必先察財官之勢若財旺提綱則以財為用或官得財助則以官為用如財不通月支官無旺財相生必須棄其寡而從其衆也餘皆倣此

此造甲木生辰雖有餘氣但庚金並透通根斫伐最喜寅時祿旺更妙丙火獨透制煞扶身午運暗會火局中鄉榜甲申乙酉煞逢祿旺刑耗多端直至丙戌運選知縣

甲戌 忌
喜 丙寅 用
忌 壬戌 喜
閑 甲辰 閑
甲戌 喜
用 丙寅 閑

甲木生於季春木有餘氣又得比祿之助時干丙火獨透通輝純粹年干壬水坐下燥土之制又逢比刦之洩轉輾相生則丙火更得其勢至戊運戌之元神透出制壬兩冠羣英三元及第其仕路未能顯秩者運走西方金地洩土生水之故也

用　丁卯　喜
喜　甲辰　喜
　　甲寅　喜
喜　乙亥　閒

此亦方局齊來，干頭無水，丁火秀氣流行，行運不甚反悖，中鄉榜，仕至州牧，子多財旺，賦性仁慈，品行端方，壽越八旬，夫婦齊眉，所謂木主仁，仁者壽，格名曲直仁壽者，信斯言也。由此觀之，干頭反覆與全順得序者，判若天淵也。

忌　己亥　喜
忌　戊辰　忌
　　甲寅　用
忌　辛未　忌

甲寅日元，生於季春，四柱多土，時透辛金，土生金，金剋木，謂夫健怕妻，初運木火，去其土金，早游泮水，連登科甲，甲子癸亥，印旺逢生，日元足以任其財官，仕路超騰。

喜　己巳　閒
忌　戊辰　忌
　　甲子　喜

甲木生於季春，木有餘氣，坐下印綬，中和之象，財星重疊，當令時透官星，土旺生金，夫健怕妻，初運木火，去其土金，早年入泮，科甲連登，仕路不能顯秩者，只因土之病也。前造有亥，又坐祿支，更健於此，此則子未相穿，壞印，彼則寅能制土護印也。

忌　辛未　忌
忌　癸卯　閒
用　丙辰　忌
閒　甲寅　閒
閒　乙亥　忌

甲寅日元。光於季春。支類東方。又生於亥時。一點丙火虛露。母衆子孤。辰乃濕土。晦火養木。兼之癸水透干。時逢亥旺。母無慈愛恤孤之心。反有滅子之意。初運乙卯。甲寅。尚有生扶愛子之情。其樂自如。一交癸丑。帶水之土。母心必變。子不能安。破敗異常。至壬子。剋絕其子。家破人離。自縊而亡。

喜　庚寅　忌
用　庚辰　喜
忌　甲寅　忌
忌　丁卯　忌

此亦寅卯辰東方。旺神不是提綱。辰土歸垣。庚金得載。力量足以剋木。丁火雖透。非庚金之敵。用殺明矣。至甲申運。庚金祿旺。暗冲寅木。科甲聯登。仕至郡守。一交丙運。制殺。降職歸田。

喜　辛丑　喜

此從巳火起源頭。生丑土。丑土生辛金。辛金生癸水。癸水生甲木。甲木生丙火。甲祿於

用　癸巳　喜
　　甲子　喜
喜　丙寅　喜

寅癸祿居子。丙祿居巳。官坐財地。財逢食生。五行元神皆厚。四柱逈根生旺。左右上下有情。為人剛柔相濟。仁德兼資。貴至極品。富有百萬。子十三人。壽至百歲。無疾而終。

忌　丁未　忌
用　乙巳　忌
　　甲午　忌
忌　丁卯　喜

甲午日元。生於巳月。支類南方。干透兩丁。火勢猛烈。洩氣太過。局中無水。只可用刦。初運又走火地。是以早刑夫主。人極聰明美貌。而輕佻易常。不能守節。至戊申運。與木火戰爭。不堪言矣。

忌　癸未　喜
喜　丁巳　喜
　　甲午　喜
忌　庚午　喜

甲午日元。支全巳午未。燥烈極矣。天干金水無根。反激火之烈。只可順火之氣也。初運木火。順其氣勢。財喜頻增。至癸丑。刑喪挫折。破耗多端。壬子冲激更甚。犯人命。遭回祿。破家而亡。

用 癸丑 喜
忌 丁巳 忌
　 甲辰 喜
閒 庚午 忌

此與前造只換辰丑兩字，丑乃北方溼土，晦火蓄水，癸水通根而載丑，辰亦溼土，又是木之餘氣，日元足以盤根，庚金雖不能生水輔用，而癸水坐下餘氣，竟可作用，初運木旺，幫身護用，和平迪吉，至癸丑，北方水地，及壬子辛亥三十年，經營得意，事業稱心。

用 戊戌 喜
忌 丁巳 忌
　 甲寅 喜
喜 己巳 忌

甲寅日元，生於巳月，丙火司令，雖坐祿支，其精神洩盡，火旺木焚，喜土以行之，此衰極從弱之理，初運戊午己未，順其火土之性，祖業頗豐，又得一衿，庚申逆火之性，洩土之氣，至癸亥年，冲激火勢而亡。

忌 己卯 喜
忌 庚午 喜

甲木生於午月，木火傷官，年月兩干土金無根，置之不用，地支兩卯一寅，日元強旺，必以丁火為用，故人權謀異衆，丁卯運，入泮登科，出仕縣令，丙寅運，剋盡庚金，宦資大豐。

甲寅　喜　　乙丑合庚。晦火生金。落職。

用　丁卯　喜

喜　庚辰　喜

用　壬午　忌

甲辰　喜

忌　丁卯　閒

甲木生於仲夏。時干丁火透出。用水以潤之。然水亦賴金生。金亦賴水養。更妙支逢兩辰。洩火生金。蓄水。一氣相生。五行俱足。是以早游泮水。科甲聯登。仕至觀察。一生惟丙戌運。金水兩傷不利。餘皆順境。

忌　丙戌　忌

喜　甲午　忌

甲申　閒

忌　丙寅　閒

甲申日元。生於午月。兩透丙火，支會火局。木奔南方。燥土不能晦火生金。無水則申金剋盡。柔軟極矣。其爲人暱私恩。不知大體。作事狐疑。少決斷。所爲心性多疑。貪小利。背大利。一事無成。

忌　庚午　忌
用　壬午　忌
　　甲戌　忌
忌　庚午　忌

甲木生於午月、支中三午一戌、火焰土燥、傷官肆逞、月干壬水無根、全賴庚金滋水、所以科甲聯登、其仕路蹭蹬者、祇因地支皆火、天干金水木無託根之地、神有餘而精不足之故也、

喜　庚辰　喜
用　壬午　忌
　　甲午　忌
忌　丙寅　忌

甲午日元、生於午月、木奔南方、雖時逢祿支、丙火逢生、寅午拱火、非日主有矣、最喜月透壬水以濟火、然壬水無庚金之生、不能剋丙為用、庚金無辰土亦不能生水、此造所妙者辰也、晦火養木、蓄水生金、使火不烈、木不枯、金不鎔、水不涸、全賴辰之一字、得中和之象、申運壬水逢生、及乙酉金旺水生、入泮補廩、而舉於鄉、丙戌火土並旺、服制重重、丁亥、壬水得地、出宰閩中、德教並行、政成民化、所謂剛柔相濟、仁德兼資也、

喜　丁巳　喜
喜　丁未　喜

甲午生於季夏、支類南方巳午未、寅干透兩丁一丙、火勢乘權、終成木火從兒格、嫌其火太燥烈、以致功名減色、巳運拔貢、甲辰溼土晦火、壬運激火之烈、助寅爭財、不祿、

甲午　喜
喜　丙寅　喜
喜　庚寅　忌　木火傷官用印，得庚金貼身，生癸水之印，純粹可觀，讀書過目不忘，惜庚癸兩字，地支
用　癸未　忌　不載，更嫌戌時，會起火局，不但金水枯傷，而且火能焚木，命主元神洩盡，幼成弱症，肺
甲午　忌　腎兩虧，至丙戌運，熇水剋金而殀。
喜　甲戌　忌

閒　辛卯　喜　甲子日元，生於未月午時，謂夏木逢水，傷官佩印，所喜者卯木剋住未土，則子水不受
喜　乙未　忌　其傷，足以冲午，有病得藥，去濁留清，天干甲乙庚辛，各立門戶，不作混論，乃滋印之喜
甲子　用　神，更妙運走東北水木之地，體用合宜，一生宦途平順。
閒　庚午　忌

忌 戊辰 喜
忌 庚申 喜
　 甲子 用
喜 甲子 喜

此造木凋金銳，厚土生金，原可畏也，然喜支全水局，化其肅殺之氣，生化有情，至癸亥運，科甲聯登，早遂仕路之光，丙寅丁卯，制化皆宜，仕至封疆，宦途平坦，生平履險如夷。

用 庚戌 喜
忌 甲申 喜
　 甲戌 喜
忌 乙丑 喜

甲木生於孟秋，財生殺旺，雖天干三透甲乙，而地支不載，木凋金銳，用土以從之也，格成從殺，戊運武甲出身，丁亥運生木剋金，刑耗多端，戊子己丑，財生煞旺，仕至副將。

用 癸未 忌
忌 庚申 忌
　 甲申 忌

甲申日元，生於孟秋，庚金兩坐祿旺，喜亥時絕處逢生，化殺有情，癸水元神透出，清可知矣，但嫌殺勢太旺，日主虛弱，不能假煞為權，所以起而不起也，廪貢終身。

喜 乙亥 喜
忌 己巳 閒 甲木生於孟秋。七殺當令。巳火食神貪生己土。忘剋申金。兼之戊己並透。破印生殺。以
用 壬申 忌 致祖業難保。書香不繼。喜其秋水通源。日坐祿旺。明雖冲剋。暗却相生。由部書出身至
甲寅 喜 丁卯丙寅運。扶身制煞。仕至觀察。
忌 戊辰 忌

忌 乙丑 喜 此造地支土金。木無盤根之處。時干辛金。元神發透。木太衰者。似水也。初運癸未壬午。
忌 甲申 喜 生木制金。刑喪早見。蔭庇難豐。辛巳庚辰。金逢生地。白手發財數萬。己卯運土無根木
甲申 喜 得地。遭回祿破財。至寅運而亡。
用 辛未 喜

忌 乙丑 喜 年月兩干之甲乙。得當令之申金。丑內之辛金。制定不起爭妒之風。時干己土臨旺。與

忌 甲申 喜
甲辰 喜
用 己巳 喜

日主親切而合。合神眞實。乃謂眞化。但秋金當令。洩氣不足。至午運助起化神。中鄉榜。辛巳。金火土並旺。登黃甲。宴瓊林。入翰苑。仕至黃堂。庚辰合乙制化。比刦。仕至藩臬。

喜 己亥 喜
喜 癸酉 用
甲辰 喜
喜 丙寅 喜

八月官星。財星助金。生於寅時。年時兩支逢生得祿。丙癸透干。無相剋之勢。有生化之情。財星得地。四柱通根。五行不悖。氣靜和平。純粹。生化有情。夫榮子貴。受一品之封。

喜 壬午 喜
忌 己酉 忌
甲申 忌
喜 甲子 用

甲申日元。生於八月。官殺當權。喜其午火緊制酉金。子水化其申金。所謂去官留殺。殺印相生。木凋金旺。印星爲用。甲第聯登。田郎署出爲觀察。從臬憲而轉封疆。

喜 壬辰 忌
忌 己酉 忌
喜 甲申 忌
甲子 用

此與前造只換一辰字。以俗論之。前則制官留殺。此則合官留殺。功名仕路。無所高下。殊不知有天淵之隔。夫制者。剋而去之。合者有去有不去也。如以辰土爲殺則化金而去之。以酉金爲官。仍化金而黨殺。由此觀之。清中帶濁。且以財爲病者。不但功名蹭蹬。而且刑耗難辭。惟亥運逢生。可獲一矜。壬子如逢木年。秋闈有望。癸丑合去子印。一阻雲程。有凶無吉。甲寅運被申冲破。壽元有礙矣。

忌 庚戌 忌
忌 乙酉 忌
甲寅 喜
忌 庚午 閒
忌 甲子 忌

干透兩庚。正當秋令。支會火局。雖制煞有功。而尅洩並見。且庚金銳氣方盛。制之以威。不若化之以德。化之以德者。有益於日主也。制之以威者。洩日主之氣也。由此推之。不喜會火局也。反以火爲病矣。子運辰年。大魁天下。蓋子運冲破火局。去午之旺神也。引通庚金之性。益我日主之氣。辰年溼土。能洩火氣。拱我子水。培日主之根源也。

甲寅日元。生於季秋。土旺用事。不比春時虛土。所以此一戍足以抵彼兩戍。生於亥時。

忌 甲戌 喜
甲寅 忌
忌 乙亥 忌

又天干皆木君盛臣衰所嫌者局中無火以行之羣比爭財無以益臣則上不安而下難全矣初運北方水旺助君之勢刑喪破耗祖業不保丁丑運火土齊來稍成家業戊寅己卯土無根木臨旺鄉遭回祿起倒異常刑妻剋子至卯而亡

喜 甲申 忌
喜 甲戌 忌
甲寅 喜
喜 甲戌 忌

年支申金冲去日主寅木加以戊土乘權重見生金助殺謂地支不顧天干夫四甲一寅似乎強旺第秋木休囚冲去祿神其根已拔不作旺論故寅卯亥子運中衣食頗豐一交庚辰殺之元神透出四子俱傷破家不祿干多不如支重理固然也

喜 己卯 喜
喜 甲戌 喜
甲子 忌
用 己巳 喜

天干兩甲逢兩己各自配合地支卯戌合雖不能化火生土却無爭妒之意雖是假化却有情而不悖未運破其子水中鄉榜庚午己巳生助化神出仕琴堂

喜 戊辰 喜
忌 壬戌 喜
甲辰 喜
用 己巳 喜

甲木生於季秋。土旺乘權。剋去壬水。又無比刦。合神更眞。化氣有餘。惜運走東北水木之地。功名仕路不及前造。至丑運丁酉年。暗會金局。洩化神而吐秀。登科。戊戌年發甲。仕至州牧。

忌 丙戌 忌
忌 己亥 用
甲戌 忌
喜 庚午 忌

甲木生於亥月。印雖當令。四柱土多剋水。天干庚金無根。又與亥水遠隔。戌中辛金。鬱而受午剋。丙引出戌中丁火。亥水被戌土制定。不能剋火。所謂鬱火金也。庚爲大腸。丙火剋之。辛爲肺。午火攻之。壬爲膀胱。戌土傷之。謂火毒攻內。甲辰運木又生火。冲出戌中辛金。被午尅之。生肺癰而亡。

忌 癸巳 用
忌 癸亥 忌

甲寅日元。生於孟冬。寒木必須用火。柱中四逢旺水。無土砥定。似乎不美。妙在寅亥臨合。巳火絕處逢生。此卽興發之機。然初運西方金地。有傷體用。碌碌風霜。奔馳未遇。四

甲寅 喜　旬外運轉南方火土之地．助起用神．棄印就財．財發數萬．娶妾生子四．
壬申 忌

癸未 喜　甲木生於亥月．癸水並透．其勢泛濫．冬木喜火．最喜卯時．不特丁火通根．抑且日主臨
癸亥 忌　旺．又會木局．洩水生火．扶身更妙．無金清得盡矣．至己未運．制其癸水．丙辰流年．捷南
甲午 喜　宮．入翰苑．官居清要．
丁卯 喜 用

壬寅 喜 喜　甲寅日元．生於寅年亥月．辛金順水．不逆木性．逆生之序．所嫌巳時．爲閑神．火土冲剋
辛亥 喜 用　逆其性．又不能制水．初交壬子．遺緒豐盈．癸丑．地支閑神結黨．刑耗多端．甲寅．乙卯．丁
甲寅 喜　財並益．一交丙辰．助起火土．妻子皆傷．又遭回祿．自患顛狂之症．投水而亡．
己巳 忌 忌

喜 壬子 喜
用 辛亥 喜
甲寅 喜
喜 甲子 喜

甲寅日元生於亥月水旺木堅旺之極矣一點辛金從水之勢不逆其性安而且和逆生之序更妙無土不逆水性初運北方入泮登科甲寅乙卯從其旺神出宰名區丙辰尚有拱合之情雖落職而免凶咎丁巳遇閑神冲擊逆其性序而卒

閒 辛酉 閒
閒 庚子 忌
甲子 忌
用 丙寅 喜

甲木生於仲冬木衰金寒用火以暖之金亦得其制矣況乎時逢祿旺一陽解凍所謂得氣之寒遇暖而發故寒木必得火以生之也所以科甲聯登仕至侍郎

忌 壬戌 喜
忌 壬子 忌
甲子 忌

甲木生於仲冬坐子而虛然喜年支帶火之土蓋戌土之根固足以補日主之虛仕至尚書

用戊辰忌
喜甲子忌
用丙子忌
甲申忌

甲木生於仲冬。印綬當權。本是殺印相生。無如坐下絕地。虛極不受水生。見己土貪合。合神雖眞而失令。必賴丙火之生。解其寒凝之氣。嫌其旺水秉令。則火亦虛脫。不能生扶化神。假而不清因之人品不端至庚辰運。甲午年。剋木生土。中鄉榜而不仕。

喜己巳喜
忌庚寅喜
閒戊子忌
甲寅喜
用丙寅喜

甲木生於子月。兩陽進氣。旺印生身。支坐三寅。松柏之體。旺而且堅。一點庚金臨絕。不能剋木。反爲忌神。寒木向陽。時干丙火清透。敵其寒凝。洩其菁英。而爲用神。冬火本虛。以寅木爲喜神。月干戊土能制水。又能生金。故爲閑神。以水爲仇神。喜其丙火清純。至卯運。洩水生火。早登科甲。壬辰。癸巳。得閑神制合。宦途平坦。甲午。乙未。火旺之地。仕至尚書。

忌 丁未 忌
喜 癸丑 忌
甲辰 忌
用 甲戌 忌

此造支全四庫逢冲俗作雜氣財官也。不知丑未逢冲。不特官星受傷。而且冲去庫根。日主坐下餘氣。亦是盤根。更嫌戌冲。微根已拔。財多身弱。且旺土愈冲愈旺。則癸水必傷。初運壬子辛亥水旺之地。蔭庇有餘。一交庚戌。財殺並旺。椿萱并逝。刑妻剋子。己酉戊申。土蓋天干。使金不能生水。家業破盡。無子而亡。

閒 丁亥 忌
忌 癸丑 忌
甲子 忌
用 辛未 喜

甲子日元。生於丑月。支類北方。天干辛癸。官印元神發露。剋去丁火。丑未遙剋。又水勢乘權。不能冲丑。正得中和之象。所以土金水運。皆得生化之情。早游泮水。戰勝秋闈。祇因格局清寒。仕路未能顯達。芹泮日長。鳴孔鐸杏壇春暖。奏虞絃可知墓庫逢冲而發者。謬也。

忌 壬午 喜
忌 癸丑 忌
甲寅 喜

甲木生於丑月。水土寒凝。本喜火以敵寒。更妙日時寅卯。氣旺宜乎吐秀。其清在火也。所嫌壬癸透干。丁火必傷。難遂書香之志。然地支無水。干雖濁。支從午火留清。異路出身。至戊午運。合癸制壬。有病得樂。升知縣。

用 丁卯 喜
閒 甲寅 閒
喜 丁丑 喜
甲戌 喜
用 己巳 喜

甲木生於丑月。己土通根臨旺。年之祿比。見丁火有相生之誼。無爭妒之勢。雖是假化。卻有情而不悖。至庚辰運。科甲連登。辛巳壬午。南方火地。生助化神。仕至黃堂。

喜 甲午 喜
喜 丁丑 閒
甲午 喜
用 丙寅 喜

甲木生於季冬。火虛而幸通根。有焰格取從兒。木雖進氣。又逢祿比幫身。所謂從兒不論身強弱也。濕土逢燥地。潤天和。生育不悖。聯登甲第。仕至侍郎。

喜 庚辰 閒

乙木生於春初。木嫩金堅。最喜午時制殺衛身。寒木向陽。官印雙清。財星生官。不壞印

閒 戊寅 喜 綬純粹安和夫官二品五子二十三孫一生無疾夫婦齊眉壽至八旬外無疾而終後
乙酉 閒 裔皆顯貴
喜 壬午 用

喜 丁未 喜 春木森森旺之極矣時干己土無根以丁火爲夫丁壬之合去水却妙化木不宜所以
忌 壬寅 忌 出身貧寒喜其運走南方火地不但幫夫興家而且子息亦多壽至申運壬水逢生而
乙卯 忌 阻
用 己卯 忌

忌 甲午 喜 旺木逢火通明之象妙在金水全無純清不雜爲人端莊以丙火爲夫惜運走北方水
用 丙寅 忌 地壽亦不永生三子留一至壬運剋丙火而阻矣
乙卯 忌
喜 己卯 忌

用 丙辰 閒
忌 庚寅 閒
　 乙卯 閒
喜 丁亥 喜

此支類東方，火明木秀，最喜丙火緊剋庚金之濁，然初春木嫩，必得亥時生助，為人風流瀟灑，學問淵深，癸巳運水生木火得祿，采芹攀桂，甲運南宮報捷，名高翰苑，午運拱寅，採樑棟於鄧林，是雕哲匠，搜琳琅於瑤圃，爰藉宗工，至丙申，火無根，金得地，破東方秀氣，犯事落職，若無亥水化之，豈能免大凶。

喜 戊午 閒
閒 甲寅 閒
　 乙卯 閒
喜 己卯 閒

乙卯日元，生於寅月卯時，滿盤皆木，只有年支午火，母旺子孤，喜其無水，寅午半會，母之性慈而向子，子亦能順母之意，而生戊土之孫，更喜運行火土，所以少年早登龍虎榜，身入鳳凰池，仕至侍郎，一交庚申，觸母之性，不祿。

忌 乙未 喜
喜 戊寅 忌

此支類東方，曲直仁壽格，大勢觀之，財官有氣，名利裕如，第五行火不出現，財之元神虛脫，寅卯辰東方木旺，官星之根亦薄，所以一生操勞刻苦，資囊未滿先傾，且平生仗

乙卯 忌　義疏財為人無驕諂存古道苦守清貧生四子皆得力壽至九十四歲

用 庚辰 忌

用 辛未 閒　此乙木歸垣雖無全會然寅時比亥之力量勝數倍矣以大象觀之局中三土兩金似

用 辛卯 忌　乎財生煞旺不知卯旺提綱支中皆木之根旺非金之生地也初運土金之鄉采芹食

乙未 閒　廩家業豐裕一交丁亥制煞會局刑妻剋子破耗異常犯事革名憂鬱而死

喜 戊寅 忌

喜 丁丑 閒　乙卯日生於卯月卯時旺之極矣最喜丁火獨發洩其精英惜癸水剋丁仍傷秀氣時

忌 癸卯 忌　干己土臨絕不能去其癸水因之書香不繼初中運逢水木之地刑喪破耗家業漸消

乙卯 忌　戊戌丁運大遂經營之願發財鉅萬若以飛天祿馬論之則戊戌運當大破矣

喜 己卯 忌

忌 甲寅 忌
喜 丁卯 忌
乙亥 忌
忌 癸未 忌

此方局齊來。月干丁火獨透。發洩菁英。何其妙也。惜乎時干癸水透露。通根亥支。緊傷丁火秀氣。謂干頭反覆。所以一衿尚不能博。貧乏無子。設使癸水換一火土。名利皆遂矣。

閑 丙辰 喜
閑 辛卯 忌
乙亥 忌
用 庚辰 喜

乙亥日元。坐下逢生。又月令建祿歸垣。足以用財。喜丙辛金弱而去。乙庚木旺不從。鄉榜出身。至丙申丁酉。火蓋天干。未能顯秩。究竟西方金地。赤足以琴堂解慍花院徵歌也。

忌 乙丑 喜
喜 己卯 忌
乙亥 忌

此己土之財。通根在丑。得祿於午。似乎身財並旺。不知己土之財。比肩奪去。丑土之財。卯木剋破。午火食神。亥水剋之。壬水蓋之。無從引化。所謂上下無情也。初逢戊寅丁丑。財逢生助。遺業頗豐。一交丙子。冲去午火。一敗而盡。乙亥運妻子俱喪。削髮爲僧。又不

忌 壬午 喜　守清規凍餓而死。

忌 辛未 閒
忌 辛卯 閒
乙未 閒
用 丁亥 閒

此乙木歸垣。亥卯未全。木勢旺盛。金氣虛脫。最喜時透丁火制殺爲用。故初運土金之鄉。奔馳未遇。至丁亥運。生木制殺。軍前效力。得縣佐。丙戌運中。幫丁剋辛。升縣令。此所謂強衆敵寡。勢在去其寡。非殺旺宜制而推也。至酉運殺逢祿旺。冲破木局。不祿。

閒 甲寅 閒
喜 丁卯 閒
乙未 閒
喜 丁亥 閒

此木局全。混一寅字。取丁火傷官秀氣。至巳運。丁火臨官。登科發甲。庚午辛未南方金敗之地。不傷體用。仕途平坦。壬申木火皆傷。破局。死於軍中。

喜 庚寅 忌

此造成局干透官星。左右皆空。四柱一無情致。用財則財會劫局。用官則官臨絕地。用

心一堂術數古籍珍本叢刊　星命類　二一六

喜 己卯 忌
乙亥 忌
忌 癸未 忌

神無所着落。爲人少恆一之志。多遷變之心。以致家業破耗。讀書未售。而學醫。醫又不就。又學堪輿。自以爲仲景再世。楊賴復生。而人終不信。又學巫學易學命。所學甚多。不能盡述。不但一而成就。而且財散人離。削髮爲僧矣。

用 戊戌 喜
喜 丙辰 喜
乙未 喜
喜 丙戌 喜

乙木生於季春。蟠根在未。餘氣在辰。似乎財多身弱。但四柱皆財。其勢必從。春土氣虛。得丙火以實。且火乃木之秀氣。土乃火之秀氣。三者爲全。無金以洩之。無水以靡之。更喜運走南方火地。秀氣流行。所以第發丹墀。鴻筆走三千之績。名題雁塔。鰲頭冠五百之仙也。

喜 己巳 喜
用 己巳 喜
乙酉 忌
喜 丙戌 喜

此造地支皆逢剋洩。天干又透火土。全無水氣。木衰極者。似土也。初交戊辰丁。藉豐盛之蔭庇。美景良多。卯運椿萱並謝。丙運大遂經營之願。獲利鉅萬。寅運剋妻破財。又遭回祿。乙丑支全金局。火土兩洩。家業耗散。甲子北方水地。不祿宜矣。

丙辰 忌 閒
癸巳 用 忌
乙丑 閒
丙子 忌 喜

此木火傷官印綬通根祿支格局未嘗不美雖嫌財星壞印而丑辰皆濕土能蓄水晦火惜乎運途無水以致一介寒儒至申運火絕水生名列泮宮後九赴秋闈不捷

庚戌 忌 喜
辛巳 忌 用
乙卯 喜
戊寅 忌 喜

乙木生於巳月傷官當令足以制官伏煞坐下祿支扶身時逢寅支藤蘿繫甲至庚辰年支類東方中鄉榜不發甲只因四柱無印戊土洩火生金之故也同胞雙生其弟生卯時雖亦得祿不及寅中甲木有力而藏之爲美故遲至己亥年印星生拱而始中鄉榜也

乙未 閒 忌
辛巳 閒 忌
乙亥 喜

年月日六字觀之乙木生於巳月傷官當令最喜坐下亥印冲巳制傷不特日主喜其滋扶抑且辛金得其衛養正所謂傷官佩印獨殺留清不但貌美而且才高書畫皆精所嫌者戊時緊剋亥水暴陽一透辛金受傷既不利於夫子之宮兼損壞乎生平之性

丙戌 忌

矣。

忌 辛卯 喜

用 甲午 喜

乙卯 閒

喜 乙酉 忌

乙木生於午月。卯酉緊冲日祿。月干甲木臨絕。五行無水。夏火當權洩氣傷官用劫。所忌者金。初運壬辰癸巳。印透生扶。平順之境。辛卯運。惟辛酉年冲去卯木。刑喪剋破。至庚運丙寅年。所忌者金。而丙火剋去之。局無土水。洩制丙火。又火逢生。金坐絕。入泮。得舒眉曲也。

閒 甲寅 閒

忌 庚午 喜

乙卯 閒

用 丙子 忌

專祿日主。時支子水生之。年干甲木亦坐祿旺。用庚金則火旺無土。坐於火地。用丙火則子冲去其旺支。即或用火。亦無安頓之運。所以一敗如灰。至乙亥運。水木齊來。竟爲乞丐。

用 庚辰 喜

木生午月。火勢猛而金柔脆之時。喜壬癸通根制火。辰土洩火生金。則火土不燥猛。水

喜 壬午 閒
乙亥 喜
喜 癸未 閒

木不枯涸接續相生清而純粹為女中才子生三子夫仕京官家道清寒在家教子讀書二子登科一子發甲夫官郎中子官御史受兩代之封

用 庚辰 喜
喜 癸未 喜
乙未 喜
喜 癸未 喜

此造支中三未通根尚有餘氣干透兩癸正三伏生寒貼身生扶亦通根身庫官星獨發而清癸水潤土養金生化不悖財旺生官中和純粹科甲出身仕至藩臬官境安和

喜 丙戌 喜
閒 乙未 喜
乙巳 喜
用 丁亥 忌

乙木生於未月干透丙丁通根巳戌發洩太過不受水生反以亥水為病格成順局從兒初交丙申丁酉得丙丁蓋頭平順之境戊戌運剋盡亥水名利兩得至己亥水地病患膨脹只因四柱火旺又逢燥土水無所歸故得此病而亡

忌 丁亥 喜
忌 丁未 忌
乙亥 喜
忌 己卯 用

乙木生於未月，休囚之位，年月兩透丁火，洩氣太過，最喜時祿通根，則受亥水之生，潤其燥烈之土，更妙會局幫身，通輝之象，至甲辰運，虎榜居首，科甲連登，格取傷官用印也。

用 癸酉 忌
忌 辛酉 忌
乙卯 閒
忌 己卯 閒

天干乙辛己癸，地支兩卯兩酉，金銳木凋，天地交戰，金當令，反有己土之生，木休囚，癸水不能生扶，中運南方火運，制殺異路出身，升知縣，至辰運，生金助煞，遂罹國法。

忌 辛酉 忌
用 丁酉 忌

乙木生於八月，木凋金銳，幸日主坐下庫根，干透兩丁，足以盤根制殺，祖業豐盈，芹香早采，但此造之病，不在殺旺，實在丑土，丑土之害，不特生金晦火，其害在丑未之冲也。

乙未　喜　天干木火全賴未中一點微根。冲則被丑中金水暗傷。以致秋闈難捷。至癸巳運。全會

喜　丁丑　忌　金局。癸水剋丁。遭水厄而亡。

忌　戊辰　忌　乙木生於八月。財生官殺。弱之極矣。所喜者坐下印綬。引通官殺之氣。更妙甲木透時。

忌　己酉　忌　謂藤蘿繫甲。出身雖寒微。至亥運入泮。壬子聯登甲第。早遂仕路之光。丑運丁剋甲寅

乙亥　用　剋土扶身。不次升遷。乙卯仕至侍郎。此造之所喜者亥水也。若無亥水不過庸人耳。且

喜　甲申　忌　亥水必須在坐下。如在別支。不得生化之情。功名不過小就耳。

忌　庚午　喜　乙卯日元。生於季秋。丙丁並透通根。五行無水。庚金置之不論。最喜財星歸庫。木火通

喜　丙戌　喜　輝。性孝友。尤篤行誼。由部書出身。仕至州牧。其不利於書香者。庚金通根在丑也。

乙卯　喜

用　丁丑　忌

忌 癸巳 用
忌 壬戌 喜
　 乙卯 閒
喜 戊寅 閒

乙卯日元．生於季秋．得寅時之助．日主不弱．足以用巳火之秀氣．戌土火庫收之．壬癸當頭剋之．格局本無出色．且辛金司令．壬水進氣通源．幸得時透戊土．去濁留清．故文望若高山北斗．品行似良玉精金．中運逢火．丙子年優貢．惜子水得地．難得登龍．

忌 乙卯 忌
喜 丙戌 喜
　 乙卯 忌
用 丁亥 忌

乙木生於季秋．柱中兩坐祿旺．亥卯又拱木局．四柱無金．日元旺矣．喜其丙丁並透．洩木生土．財星爲夫．爲人端莊和順．夫中鄉榜．出仕琴堂生三子．壽至壬運．

用 丙子 忌
喜 己亥 忌
　 乙酉 忌

此全酉亥子西北之陰寒．寒木更宜向陽．以丙火爲用．壬水卽其病也．然喜壬水遠隔．與日主緊貼．日主本衰．未嘗不喜其生．又有己土透干．亦能砥定中流．且喜天干水木火土．各分門戶．相生有情．地支午火緊制七殺．年月火土．通根祿旺．更喜行運東南陽

忌　壬午　喜

暖之地不但四柱有情而且行運光亨早年聯登甲第仕至封疆皆陰陽配合之妙也

喜　丙子　忌
用　己亥　忌
　　乙亥　忌
喜　丙子　忌

乙亥日元生於亥月喜其天干兩透丙火不傷陽春之景寒木向陽清而純粹惜乎火土無根水木太重讀書未售兼之中年一路水木生扶太過局中火土皆傷以致財鮮聚而志未伸然喜無金業必清高若以年時爲乙木病位月日爲死地豈不休囚已極宜用生扶之運今以亥子之水作生論則不宜再見水木也

喜　壬子　喜
閒　辛亥　喜
　　乙亥　喜
忌　丙子　喜

壬水乘權坐亥子所謂崑崙之水冲奔無情丙火剋絕置之不論遺業頗豐甲寅乙卯順其流納其氣入學補廩丁財並益家道日隆一交丙運水火交戰刑妻剋子破耗異常辰運蓄水無咎丁巳運連遭回祿兩次家破身亡

喜　甲寅　喜

此木局全混一寅字然四柱無金其勢從強深得一方秀氣少年科第惟庚辰辛巳運

喜 乙亥 喜 雖有癸水之化。仍不免刑喪起倒。仕路蹭蹬。至六旬外。運走壬午癸未。由縣令而遷司
乙卯 喜 馬履黃堂而升觀察。直如揚帆大海。誰能禦之。由此觀之。從強之木局。東南北皆利。惟
喜 癸未 喜 忌西方金運剋破耳。

喜 甲申 忌 乙木生於仲冬。雖逢相位。究竟冬凋不茂。又支類西方財殺肆逞。喜其丙火並透。則金
喜 丙子 喜 不寒。水不凍。寒木向陽。兒能救母。爲人性情慷慨。雖在經營。規模出俗。剏業十餘萬。其
乙酉 忌 不利於書香者。由戊土生殺壞印之故也。
用 丙戌 忌

喜 己亥 忌 丑乃濕土。能洩火不能止水。丙火在月。壬水相近。己土不能爲力。子水又逼近相沖。而
喜 丙子 忌 且運走西北陰寒之地。丙火一無生扶。乙木何能發生。十干體象云。虛濕之地。騎馬亦
乙丑 忌 憂。斯言不謬也。所以屈志芸窗。一貧如洗。尅妻無子。至壬申運丙火尅盡而亡。所謂陰
忌 壬午 喜 乘陰位。陰氣盛也。

用　辛巳　喜
用　辛丑　喜
　　乙酉　喜
忌　乙酉　喜

乙木生於季冬。支全金局。干透兩辛。從煞斯眞。戊戌運連登甲第。置身翰苑。丁酉丙申。火截脚而金得地。仕版連登。乙未運。冲破金局。木得蟠根。不祿。

忌　辛亥　喜
忌　庚寅　用
　　丙子　閒
閒　乙未　閒

朱中堂造。丙子日元。生於春初。火虛木嫩。用神在木。忌神在金。最喜亥水流通金性。合寅生木爲宜。時支未土。又得乙木盤根之制。去濁留清。中和純粹。爲人寬厚和平。一生官途安穩。

忌　丙辰　喜
喜　庚寅　忌

此造財絕無根。官又無氣。兼之運走東南之地。幼年喪父。依母轉嫁他姓。數年母死。牧牛度日。少長則苦力傭工。後雙目失明。不能傭作。求乞自活。

心一堂術數古籍珍本叢刊　星命類　二二六

丙午 忌
用 壬辰 喜

忌 丁亥 喜
喜 壬寅 忌
丙午 忌
忌 丁酉 喜

丙午日元，生於寅月，天干兩透丁火，旺可知矣，壬水通根亥支，正殺印相生，所嫌者丁壬寅亥化木爲忌，以致刧刃肆虐，羣劫爭財，初交北方金水，遺業豐盛，戊戌運又會火局，剋盡金水，家破身亡。

忌 丁丑 喜
閒 壬寅 忌
丙申 喜
用 壬辰 喜

丙火生於初春，火虛木嫩，嫩木逢金，緊貼相冲，連根拔盡，申金又得辰土生扶，殺勢愈旺，格成從殺，用財更妙，年支丑土生金晦火，故身出官家，早登科甲，運走西北金水，仕至觀察，雖逢土運，仍得金以化之，所以無險阻也。

用　癸巳　忌
忌　甲寅　忌
　　丙戌　忌
喜　庚寅　忌

丙火生於孟春。官透爲用。淸而純粹。惜乎金水遙隔。無相生之意。且木火並旺。金水無根。書香不繼。游幕捐納縣令。究竟財官不通門戶。丁丑年大運在戌。火土當權。得疾而亡。

忌　辛巳　喜
忌　庚寅　用
　　丙辰　忌
忌　己丑　忌

丙火生寅。木嫩火相。未爲旺也。生丑時。竊去命主元神。以寅木爲用。所嫌庚金當頭之忌。木嫩逢金。火虛而洩。初交己丑戊子。生金洩火。幼喪父母。孤苦不堪。丁亥丙戌。火在西北。不能去盡忌神。所以歷盡風霜。稍成家業。一交乙酉。干支皆化忌神。刑妻剋子。遭水厄而亡。

忌　乙亥　忌
用　戊寅　忌
　　丙子　忌

丙火生於寅月。印星當令。時逢刃旺。甲乙並旺透。四柱無金。寅亥化木。子水冲破官星無用。必以月干戊土爲用。忌神卽是甲木。亥子之水。反生旺木。所謂忌神輾轉攻也。初交丁丑。就助用神。祖業十餘萬。其樂自如。一交丙子。火不通根。父母雙亡。連遭回祿。乙

忌　甲午　忌　亥水木並旺。又遭回祿。剋三妻四子。赴水而亡。

閒　壬申　忌　殺逞財勢。嫩木逢金。最喜寅木眞神當令。時干透出乙木元神。寅中之冲。謂之有病。運

閒　壬寅　喜　至南方火地。去申金之病。仕至封疆。聲名赫弈。

　　丙子　閒

用　乙未　閒

喜　丁亥　喜　丙火生於春初。謂相火有焰。不作旺論。月干壬水通根。亥子煞旺無制。專其丁壬。寅亥。

喜　壬寅　喜　合而化印。以難爲恩。時支財星生官壞印。又得丁火蓋頭。使其不能剋木。所以同胞七

　　丙子　忌　人。皆就書香。而且兄友弟敬。

用　丁酉　忌

喜　甲辰　忌　木當令。火逢生。辰本濕土。能蓄水。被丙寅所剋。脾胃受傷。肺金自絕。木多滲水。而腎水

喜　丙寅　喜
　　丙寅　喜
忌　壬辰　忌

亦枯。至庚運。木旺金缺。金水並見。木火金肆逞矣。吐血而亡。此造木火同心。可順而不可逆。反以壬水爲忌。故初行丁卯戊辰己巳等運。反無礙。

喜　癸未　忌
忌　乙卯　忌
　　丙午　忌
忌　丁酉　喜

丙午日元。坐於卯月。局中木火兩旺。官坐傷位。一點財星刦盡。謂財刦官傷。壬運雖得一衿。貧乏不堪。子運回冲。又逢未破。剋妻。辛運丁火回刦。剋子。亥運會木生火而亡。

喜　癸未　忌
忌　乙卯　忌
　　丙辰　忌
喜　庚寅　忌

此造以大勢觀之。官印相生。偏財時遇。五行不缺。四柱純粹。儼然貴格。不知財官兩字休囚。又遙隔不能相顧。支全寅卯辰春土剋盡。不能生金。金臨絕地。不能生水。水之氣盡洩於木。木之勢愈旺。而火熾。火熾則氣燥。氣燥則神枯。行運北方。又傷丙火之氣。反助木之精。卽逢金運。所謂過於有餘。損之反觸其怒。以致終身碌碌。名利無成也。

用　癸未　忌
忌　乙卯　忌
　　丙午　忌
喜　辛卯　忌

此[illegible]清印正格。喜其未卯拱木。純粹之象。故爲人品格超羣。才華卓越。文望若高山北斗。品行似良玉精金。惜印星太重。官星洩氣。神有餘而精不足。以致功名蹭蹬。縱有凌雲之志。難遂青錢之選。還喜格正局清。財星逢合。雖然大才小用。究竟名利兩全。仕路清高。施菁莪之雅化。振棫樸之人才也。

喜　辛丑　喜
喜　辛卯　喜
　　丙子　喜
用　癸巳　喜

丙火生於仲春。火相木旺之時。正得中和之象。年月兩透財星。地支巳丑拱金。財旺生官。官星得祿。以印爲夫。謂眞神得用。秉性勤儉。紡織佐讀。奉甘旨得舅姑之歡心。至甲午運。幫身衛印。夫主連登甲榜。受誥封宜人。壽至酉運。會金冲卯不祿。

閒　丁酉　忌
閒　癸卯　用

丙火生於仲春。官透財藏。印星秉令。比刦幫身。似乎旺相。第卯酉逢冲。癸丁相剋。木火損而金水存。雖賴時干丙火之助。但丙臨申位。亦自顧不暇。幸辰中蓄藏餘氣。一點微

丙辰　喜　苗尚存春令猶能輔用以印星爲夫爲人端莊幽嫻知書達理丙午運破其酉金夫主
喜　丙申　忌　登科生二子誥封四品至四旬外運走戊申洩火生金不祿
忌　丁丑　閒　丙火生於仲春印正官清日元生旺足以用官所嫌丙辛一合不顧用神之輔我辛金
用　癸卯　忌　柔軟丙火逢之而怯柔能制剛戀戀不捨忘有爲之志更嫌卯戌合而化刼所以幼年
丙戌　忌　過目成誦後因戀酒色廢學喪資竟以酒色傷身一事無成

忌　辛卯　忌
用　辛卯　忌　此以木爲源頭五行無土不能流至金財官又隔絕冲而逢洩無生化之情初運庚寅
閒　辛卯　忌　叨上人之福己丑運合子洩火生金財福駢臻戊子土虛水旺暗助木神刑耗多端丁
丙子　忌　亥剋金會木家破人亡
忌　甲午　忌

用 辛亥 閒
閒 壬辰 喜
喜 丙甲 喜
喜 己亥 閒

此造財生殺。殺攻身。丙臨申位。申辰拱水。火衰極者。似金也。初運辛卯。庚寅。東方木地。椿萱凋謝。祖業無恆。至己丑出外經營。青蚨襯羞。白鏹隨輿。及戊子二十年。春風吹柳。紅綾易公子之裳。杏露沾衣。膏雨沐王孫之袖。所謂有其運。必得其福也。

喜 癸巳 忌
忌 丙庚 喜
丙午 忌
用 庚寅 忌

此東南之陽暖。天干金水。似乎無根。喜月支辰土。洩火蓄水而生金。庚金掛角逢生。則庚金可用。癸水即庚金之喜神。初運甲寅乙卯。金絶火生而水洩。孤苦不堪。一交癸丑北方陰濕之地。金水通根。又得巳丑拱金之妙。出外大得際遇。驟然發財十餘萬。陽暖逢寒。配合之美也。

忌 甲寅 忌
喜 戊辰 喜
丙寅 忌

坐下印綬。生於季春。印氣有餘。又年逢甲寅。則太過矣。土雖當令。而木更堅。喜其寅申逢冲。財星得用。第嫌比刼蓋頭。冲之無力。早年運走南方。起倒異常。至壬申癸酉二十年。幫冲寅木。剋去比劫。挪業興家。此謂棄印就財也。

忌　丙申　用

喜　壬申　忌
用　甲辰　喜
　　丙寅　喜
喜　丙申　忌

此坐下印綬。亦在季春。印綬未嘗無餘。年干壬殺。生印有情。不足畏也。所嫌者兩申冲寅。甲木之根拔。還喜壬水洩金生木。運走丙午。刼去申財。入學。補廩。登科。丁未合去壬水。三走春闈不捷。戊申。剋去壬水。三冲寅木。死於途。此造之壬水乃甲木之元神。斷不可傷。壬水受傷。甲木必孤。凡獨殺用印者。最忌制殺也。

閒　丙申　忌
忌　壬辰　忌
　　丙子　忌
忌　壬辰　忌

丙火生於季春。兩殺並透。支會殺局。喜其辰土當令。制殺。辰中木有餘氣而生身。病在申金。會而盡矣。所以天資過人。丁卯年合殺而印星得地。中鄉榜。辛未年去其子水。木火皆得餘氣。春闈亦捷。究竟申金為嫌。不得大用。歸班。更嫌運走西方。酒色為事也。

用　乙亥　喜

丙子日元。生於季春。濕土司令。蓄水養木。用神在木。得亥之生。辰之餘。寅之助。乙木雖

忌 庚辰 喜　與庚金合而不化。庚金浮露天干爲客神。不能深入臟腑而游六經也。水爲精。亥子兩
丙子 喜　見辰又拱而蓄之。木爲氣。春令有餘。寅亥生合。火爲神。時在五陽進氣。通根年月。氣貫
忌 庚寅 喜　生時。精氣神三者俱足。則邪氣無從而入。行運又不背。一生無疾。名利裕如。唯土虛濕。
又金以洩之。所以脾胃虛寒。不免泄瀉之病耳。

用 乙亥 閒　丙火生於季春。印綬通根生旺。日主坐財。時干又透壬水。必以乙木爲用。可嫌者。乙庚
忌 庚辰 喜　化金。生殺壞印。其妻不賢。妒悍異常。無子而絕。財之爲害可畏哉。
丙申 忌
閒 壬辰 喜

用 壬辰 忌　丙火生於巳月。天地殺印留清。所嫌者丑時合去子水。則壬水失勢。化助傷官。則日元
喜 乙巳 喜　洩氣。一點乙木不能疏土。異路出身。雖獲盜有功。而上台不合。竟不能升。
丙子 喜

忌　己丑　忌

喜　戊寅　喜　丙火生孟夏地支兩坐長生而逢祿旺火旺極者似土也初運雖不逢木喜其南方火

喜　丁巳　喜　地遺緒豐盈讀書過目成誦一交庚運卽棄詩書好嬉遊揮金似土中運家破身亡此

　　丙寅　喜　造若逢木運名利兩全也

喜　甲午　喜

忌　庚申　忌　此造以俗論之丙火生於巳月建祿必要用財無如庚辛重疊根深獨印受傷弱可知

忌　辛巳　用　矣運至甲申乙酉金得地木無根破耗異常丙戌丁運重振家聲此財多身弱所謂幫

　　丙辰　忌　之則有功也

閒　乙未　閒

用　庚寅　忌　丙火生於孟夏地支兩寅一卯巳火乘權引出寅中丙火天干雖逢庚辛皆虛浮無根

喜 辛巳 忌
丙寅 忌
喜 辛卯 忌

初運壬午癸未。無根之水。能洩金氣。地支午未南方。又助旺火。財之氣劫洩已盡。祖業雖豐。刑喪早見。甲運臨申。本無大患。因流年木火。又刑妻剋子。家計蕭條。一交申字暗冲寅木之病。天干浮財通根。如枯苗得雨。浡然而興。及乙酉十五年。自挪倍於祖業中運驛馬逢財。出外大利。經營得意。丙戌運丙子年。凶多吉少。得風痰不起。比刼爭財。乃臨絕地。子水不足以剋火。反生寅卯之木故也。

忌 癸未 喜
喜 丁巳 喜
丙午 喜
忌 癸巳 喜

此支類南方。又生巳時。暖之至矣。天干兩癸。地支全無根氣。所謂暖之至。寒無根。反以無寒爲美。所以初運丙辰。叨蔭庇之福。乙卯甲寅。洩水生火。家業增新。癸丑寒氣通根。嘆椿萱之並逝。嗟蘭桂之摧殘。壬子運。祝融之變。家破而亡。

喜 乙亥 忌
忌 辛巳 用

此造支逢兩祿。乘權。年干印透通根。凡推命者。均作旺論。用以財星。斷其名利雙收。然丙火生於孟夏。火氣方進。年干印綬。被月干財星所壞。巳亥逢冲。破祿。去火則金木反

丙辰 忌　得生扶木火失勢矣又坐下辰土竊去命主元神時干癸水蓋頭巳火亦傷必作弱推
忌 癸巳 喜　當以巳火爲用初運東方木地出身遺業豐盈丑運生金洩火刑耗異常丙子火不通
根官星得地定多破耗家業十去八九夫婦皆亡

用 癸酉 喜　丙火生於孟夏坐祿臨旺喜其巳酉拔金財生官官制刼更妙時透壬水助起官星以
忌 丁巳 忌　成既濟三旬外運走北方水地登科發甲名利雙輝勿以官殺混雜爲嫌身旺者必要
丙午 忌　官殺混雜而發也
喜 壬辰 喜

忌 辛丑 忌　丙火生於巳月雖云建祿五行無木生助天干既透財官地支不宜再見酉子更不宜
忌 癸巳 用　再會金局則巳火之祿非日干有也雖丁火可以幫身癸火傷之謂財多身弱兼之官
丙子 忌　星又旺日主虛弱極矣且初交壬運逢殺辛亥年天干逢壬癸剋丙丁地支亥冲巳火
閒 丁酉 忌　破祿連根拔盡得疳疾而亡

心一堂術數古籍珍本叢刊　星命類　二三八

忌 庚戌 喜
忌 壬午 用
丙子 忌
忌 壬辰 忌

丙子日元。月時兩透壬水。日主三面受敵。柱中無木。洩水生火。反有庚金生水洩土。全賴午火旺刃當權爲用。更喜戌之燥土。制水會火鄉。榜出身。丙戌運。仕至按察。

喜 乙丑 忌
忌 壬午 喜
丙戌 喜
喜 甲午 喜

丙戌日元。月時兩刃。壬水無根。又逢木洩。火太旺者。似水也。初運庚辰。辛巳。金逢生地。孔懷無輔助之人。親黨少知心之輩。己卯得際遇。戊寅全會火局。及丁丑二十年。發財數十萬。至子運而亡。

喜 丙寅 喜
喜 甲午 喜

此火長夏令。月支坐刃。年支逢生。時支得祿。年月兩支。又透甲丙。烈火焚木。旺之極矣。一點癸水熬乾。只得從其強勢。運逢木火土財。喜頻增。申酉運中。刑耗多端。至亥運。激

丙午　喜　　火之烈。家業破盡而亡。所謂旺之極者。抑之反激而有害也。

忌　癸巳　喜

喜　丙寅　喜　　支全火局。木從火勢。格成炎上。惜木旺剋土。秀氣有傷。書香難就。武甲出身。仕至副將。

喜　甲午　用　　行中酉運。亦有戌未之化。所以無咎。亥運幸得未會寅合。不過降職。交庚子。干無食傷

丙戌　喜　　支逢冲激。死於軍中。

喜　乙未　喜

用　己巳　忌　　此造俗論丙午日支全三午。四柱滴水全無。中年又無水運。必作飛天祿馬。名利雙輝。

喜　庚午　忌　　不知此造午中己土。巳中庚金元神透出年月兩干。眞火土傷官生財格也。初交己巳。

丙午　忌　　戊辰洩火生金。遺業頗豐。丁卯丙寅。土金喜用皆傷。連遭回祿三次。又剋兩妻四子。家

忌　甲午　忌　　業破盡。至乙丑運。北方濕土晦火生金。又合化有情。經營獲利。娶妻生子。重振家園。甲

子癸亥。水地潤土養金。發財數萬。若以飛天祿馬論。大忌水運矣。

忌 癸丑 喜
忌 戊午 忌
丙午 忌
用 壬辰 喜

此造火長夏天旺之極矣。戊癸合而化火爲忌。遠喜壬水通根身庫。更妙年支坐丑。足以晦火養金而蓄水。則癸水仍得通根。雖合而不化也。不化反喜其合。則不抗乎壬水矣。是以乙卯甲寅運。剋土衞水。雲程直上。至癸丑運。由琴堂而遷州牧。壬子運。由治中而履黃堂。名利裕如也。

喜 壬辰 喜
忌 丙午 忌
丙午 忌
用 壬辰 喜

此殺逢四制。柱中印雖不見。喜其殺透食藏。通根身庫。總之夏火當權。水無金滋。至酉運。合去辰土財星。滋殺發甲。點中書。庚運。仕版連登。入參軍機。戊運。燥土冲動壬水之根。又逢戊辰年。戊土透出。緊制壬水。不祿。

忌 癸巳 忌
忌 戊午 忌

此火長夏天。巳乃南方旺火。癸臨絕地。杯水輿薪。喜其混不喜其清。戊癸合而必化。不但不能助殺抑且化火爲刦。反助陽刃猖狂。巳中庚金無從引助。壬水雖通根身庫。總

丙午　忌　之無金滋助清枯之象並之運走四十載木火生助刦刃所以骨肉畫餅事業浮雲至
用　壬辰　喜　卯運壬水絶地陽刃逢生傾家蕩產莫非命也順受其正云爾
忌　丙戌　忌
忌　甲午　忌

丙火日元生於午月年月又透甲丙猛烈極矣最喜丑時干支皆濕土能收丙之烈能晦午之光順其性悅其情不陵下也其人威而不猛嚴而不惡名利雙輝

丙午　忌
用　己丑　喜
閒　辛巳　忌
忌　甲午　忌

丙火生於午月午時木從火勢烈之極矣無土以順其性金無根水無源激其猛烈之性所以幼失父母依兄嫂而居好勇不安分年十六七身材雄偉膂力過人好習拳棒樂與里黨無賴交遊放蕩無忌兄嫂不能禁後因搏虎而被虎噬

丙子　閒
忌　甲午　忌

忌 丁丑 喜
忌 丙午 忌
丙午 忌
用 壬辰 喜

此火焰全離。重逢刦刃。燄之至矣。一點壬水。本不足以制猛烈之火。喜其坐辰。通根身庫。更可愛者。年支丑土。丑乃北方濕土。能生金晦火而蓄水。所謂暖雖至而寒有根也。科甲出身。仕至封疆。微嫌運途欠醇。多於起伏也。

喜 辛卯 忌
忌 甲未 忌
丙辰 忌
喜 庚寅 忌

丙火生於午月。旺刃當權。支全寅卯辰。土從木類。庚辛兩不通根。初交癸巳壬辰。金逢生助。家業饒裕。其樂自如。辛卯金截脚。刑喪破耗。家業十敗八九。庚運丙寅年。剋妻。庚坐寅支。截脚。丙寅歲剋運。又庚絕丙生。局中無剋化之神。於甲午年月。木從火勢。凶禍連綿。得疾而亡。

忌 癸酉 閒
忌 戊午 忌
丙辰 閒

丙火生於午月午時。旺可知矣。一點癸水。本不相濁。戊土合之。又助火之烈。年支酉金。本有情與辰合。又被午火離間。求合不得。所謂怨起恩中也。兼之運走東南木火之地。一生祇有刑傷破耗。並無財喜之事。剋三妻七子。遭回祿四次。至寅運而亡。

千里命鈔 卷三

忌 甲午 忌

忌 丙寅 忌

忌 甲午 忌

丙午 忌

用 己丑 喜

丙午日元．生於午月寅年．年月又透甲丙．其焚烈炎上之勢．不可遏也．最妙丑時．濕土收其猛烈之性．為人有容有養．驕諂不施．運逢土金．仍得丑土之化．科甲連登．仕至郡守．

喜 丁卯 喜

喜 丙午 用

丙午 喜

閒 庚寅 喜

喜 庚午 忌

丙午日元．生於午月．年時寅卯．庚金無根．置之不用．格成炎上．局中無土吐秀．書香不利．伍出身．至卯運得官．壬運失職．寅運得軍功．驟升都司．辛丑運生化之機．無咎．一交庚子．冲激午刃．又逢甲子年．雙冲陽刃．死於軍中．

此夏火逢金．財滋弱殺．兩支不雜．殺刃雙清．然名利兼全．不知地支木火．不載金水．

用　壬午　忌
　　丙寅　忌
喜　庚寅　忌

杯水車薪不但不能制火反洩財星之氣夏月庚金敗絕財之不眞可知矣早運癸未甲申乙酉土金之地豐衣足食一交丙戌支全火局刑妻剋子破耗異常數萬家業盡付東流丁亥合壬寅而化木孤苦不堪而死

喜　丙午　喜
喜　甲午　喜
　　丙午　喜
喜　甲午　喜

丙生仲夏四柱皆刃天干並透甲丙強旺極矣可順而不可逆也初運乙未早遊泮水丙運登科申運大病危險丁運發甲酉運丁艱戊戌己運仕途平坦亥運犯其旺神死於軍前

喜　壬戌　忌
忌　丙午　忌
　　丙寅　忌
用　己丑　喜

丙寅日元生於午月支全火局陽明之象此緣刦刃當權壬水無根置之不用丑中辛金伏鬱所喜者運走西北陰濁之地出身吏部發財十餘萬異路出仕升州牧名利兩全而多暢遂也

忌　戊子　忌
忌　戊午　喜
　　丙辰　忌
忌　戊戌　忌

丙日午提。刃強當令。子冲之。辰洩之。弱可知矣。天干三戊。竊日主之精華。兼之運走西北金水之地。則陽刃更受其敵。不但功名蹭蹬。而且財源鮮聚。至甲寅年會火局。疏厚土。恩科發榜。

忌　丙寅　忌
忌　甲午　忌
　　丙申　喜
用　壬辰　喜

丙火生於午月。陽刃局。逢寅午生拱。又逢比助。旺可知矣。最喜辰時。壬水透露。更妙申辰。洩火生金而拱水。正得既濟。所以早登科甲。仕版遷登。掌兵刑重任。執生殺大權。

忌　癸巳　忌
忌　戊午　忌

此造陽刃當權。又逢生旺。更可嫌者。戊癸合而化火。財為衆刦所奪。兄弟六人。皆不成器。遭累不堪。總之刦刃太旺。財官無氣。兄弟反少。縱有不如無也。然官殺太旺。亦傷殘。

心一堂術數古籍珍本叢刊　星命類

丙午 忌　必須身財並旺．官印通根．方可敦友愛之情．
閒 庚寅 忌
喜 庚戌 忌　丙用壬殺．身強殺淺．以殺化權．更喜財滋弱殺．定然名利雙全．惜支全火局．寅亥又化
用 壬午 忌　木而生火．年月之寅壬無根．而少生扶．至丁巳年．巳亥冲去壬水之祿．丁火合去壬水
丙寅 忌　之用．死於瘖症．
喜 己亥 喜

用 己未 閒　丙火生於季夏．滿局皆土．格取從兒．月干辛金獨發．所謂從兒又見兒也．辛金顯露．而
喜 辛未 閒　九夏鎔金．根氣不固．未戌丁火當權．所謂凶物深藏也．兼之運走東南木火之地．雖中
丙戌 閒　鄉榜．一敎終身．
喜 戊戌 閒

閒 壬寅 忌
忌 丁未 忌
丙申 閒
忌 甲午 忌

丙火生於未月午時。年干壬水無根。申金遠隔。本不能生水。又被寅冲午刦。則肺氣愈虧。兼之丁壬相合化木從火。則心火愈旺。腎水必枯。所以病犯遺泄。又有痰嗽。至戌運。全會火局。肺愈絀。腎水燥。吐血而亡。

閒 癸亥 閒
忌 己未 忌
丙午 喜
忌 己丑 忌

火長夏令。原屬旺論。然時在季夏。火氣稍退。兼之重疊傷官洩氣。丑乃濕土。能晦丙火之光。以旺變弱。濁氣當權。清氣失勢。兼之先行三十年火土運。半生起倒多端。至乙卯甲寅。木疏厚土。掃除濁氣。生扶日元。衛護官星。左會右合。財茂業成。

喜 癸酉 喜
忌 己未 忌
丙午 忌

丙午日元。支類南方。未土秉令。己土透出。火土傷官。藏財受刦。無官則財無存。無財則官亦無根。況火焰土燥。官星並透。以官為用。運至火土。破耗刑喪。乙卯甲寅運。雖能生火。究竟制傷衛官。大獲財利。納粟出仕。癸丑壬子運。由佐貳而升縣令。名利兩全。

用 癸巳 忌

用 己巳 忌
喜 辛未 忌
丙午 忌
忌 丁酉 喜

火長夏令支類南方旺之極矣火土傷官生財格所嫌者丁火陽刃透干局中全無濕氣刦刃肆逞祖業無恆父母早亡幼遭孤苦中受飢寒六旬之前運走東南木火之地妻財子祿一事無成至丑運北方濕土晦火生金暗會金局從此得際遇立業發財至七旬又買妾連生二子及甲子癸亥北方水地獲利鉅萬壽至九旬諺云有其運必得其福為人豈可限量哉

喜 己卯 忌
用 辛未 喜
丙子 閒
喜 辛卯 忌

丙火生於未月火氣正盛坐下官星被未土傷盡只得用天干辛金所嫌者未為燥土不能生金又暗藏刦刃年干己土本可生金又坐下梟地所謂吉神顯露凶物深藏者也初運己巳戊辰土旺之地財喜輻輳事事稱心一交丁卯土金兩傷連遭回祿三次傷丁七人丙寅妻子皆剋出外不知所終

喜 戊戌 喜
用 己未 喜
丙辰 喜
喜 戊戌 喜

滿局傷官五行無木印星不現格成順局故其人聰明美貌第四柱無金土過燥厚辛金夫星投墓於戌走以淫亂不堪夫遭凶死又隨人走不二三年又尅至乙卯運犯土之旺自縊而死

喜 癸丑 喜
喜 己未 喜
丙寅 忌
用 辛卯 忌

日坐長生又生夏令財官為用傷官為喜傷生財財又生官似乎生化有情殊不知財絕官休恐難厚享癸水官星生未月火土熯乾餘氣在丑蓄水藏金然己土當頭傷癸丑未冲去金水根源時上辛又臨絕雖有若無焉能生遠隔之水則己土亦不能生隔絕之金且運走東南木火之地非守業之人也

喜 丙子 閒
忌 乙未 用
丙辰 喜

丙日未月火土傷官四柱無金子水熯乾未土為用第嫌乙木並透根深功名難遂初運丙申丁酉制化乙木財喜稱心戊戌十年熙熙攘攘日熾日昌己運土無根木回尅刑耗並見一交亥運木得生火逢刦得惡病而亡

忌 乙未 喜
忌 戊申 忌
忌 己未 用
丙戌 喜
忌 己丑 忌

此四柱傷官，若生丑戌月，為從兒格，名利皆遂。生於未月，有火餘氣，必以未中丁火為用，惜運走西北，金水之地，以致破敗祖業，至癸亥運，貧乏無聊，削髮為僧。

忌 丙戌 忌
忌 乙未 忌
丙子 忌
忌 甲午 忌

丙生季夏，火焰土燥，天干甲乙枯木，助火之烈，更嫌子水冲激，火炎偏枯，混亂之象。性情乖張，處世多驕傲，且急燥如風火，順其性千金不惜，逆其性一芥中分，因之家業破敗無存。

喜 戊寅 忌

丙火生於初秋，秋金乘令，三申冲去一寅，丙火之根已拔，比肩亦不能為力，年月兩干，

用　庚申　喜　　又透土金只得從其弱勢順財之性以比肩爲病故運至水旺之地制去比肩事業巍
　　丙申　喜　　峩丙寅幫身刑喪破耗所謂弱極者扶之徒勞無功反有害也
忌　丙申　喜

喜　丙子　忌　　此造地支兩申兩子水逢生旺金作水論天干四丙地支無根離衰坎旺須以木運和
喜　丙申　忌　　之也惜乎五行不順五十年西北金水之地其艱難險阻刑傷顛沛五旬外運走壬寅
　　丙子　忌　　東方木地財進業興及癸卯甲辰發財數萬
喜　丙申　忌

忌　己巳　喜　　日主兩坐長生年支又逢祿旺足以用官癸水官星被己土貼身一傷喜得官臨財地
用　癸酉　喜　　尤妙巳酉拱金則己土之氣已洩而官星之根固矣所以一生不遭凶險名利兩全也
　　丙寅　喜
喜　庚寅　喜

忌 戊辰 忌
忌 辛酉 忌
丙午 用
忌 癸巳 閒

此造旺財當令。加以年上傷官生助。時逢日祿。不爲無根。所以身出富家。時透癸水。巳火失勢。逢酉邀而拱金矣。五行無木。全賴午火幫身。則癸水爲病明矣。一交子運。癸水得祿。子辰拱水。酉金黨子冲午。四柱無解救之神。所謂旺者冲衰衰者拔。破家亡身。若運走東南木火之地。豈不名利兩全乎。

喜 乙丑 忌
喜 乙酉 忌
丙辰 忌
忌 辛卯 喜

此造三印扶身。辰酉合而不冲。四柱無水。似乎中格。第支皆濕土。晦火生金。辰乃木之餘氣。與酉合財。木不能托根。合而化金。則木反被其損。天干兩乙。地支不載。凋可知矣。由此推之。日元虛弱。至午運。破酉衝卯。得一子。辛巳。全會金局。壞印則元氣大傷。會財則財極必反。夫婦雙亡。

忌 乙丑 喜
忌 丙戌 閒

丙火日主。支全寅午戌。食神生旺。眞神得用。格局最佳。初運乙酉甲申。引通丑內藏金。家業頗豐。又得一衿。所嫌者支會火局。時上庚金臨絕。又有比肩爭奪。不能作用。丑中

丙午　忌　辛金伏鬱於內。是以十走秋闈不第。且少年運走南方。三遭回祿。四傷其妻。五剋其子。
閒　庚寅　忌　至晚年孤貧一身。

喜　癸丑　喜　丙火生於九月。日主本不及時。第坐陽刃。會火局。謂之強寡。年月壬癸進氣。癸水通根
用　壬戌　忌　餘氣。丑土洩其火局。庚金生助壬癸。爲衆也。勢在成乎衆。故交辛酉庚申。金生水旺。遺
丙午　忌　業豐盈。其樂自如。一交己未。火土並旺。父母雙亡。及戊午二十年。破敗家業。妻子皆傷
喜　庚寅　忌　至丙辰。流落外方而亡。

喜　丙午　喜　此火土各半。兩氣成象。取戊土食神秀氣爲用。辛丑運濕土晦火。秀氣流行。登鄉榜。壬
用　戊戌　喜　運壬年。赴會試。死於都中。蓋水激丙火。則火滅也。如兩戌換以兩辰。不致燥烈。雖逢水
丙午　喜　運。亦不致大凶也。
喜　戊戌　喜

忌　辛卯　喜
忌　戊戌　忌
忌　丙辰　忌
忌　己亥　用

時逢獨煞，四食相制，年支卯木，被辛金蓋頭，況秋木本不足以疏土，所賴亥中甲木衞煞，至乙未運，暗會木局，捷報南宮，名高翰苑，甲午運，木死於午，合己化土，丁外艱，己巳年，又冲去亥水，不祿。

忌　辛卯　喜
忌　戊戌　忌
忌　丙辰　忌
喜　壬辰　忌

此亦一煞逢四制，所不及前造者，無亥卯之會也，雖早採芹香，秋闈蹭蹬，納捐部屬，仕路亦不能通達，喜時煞透露，行甲午運，無化土之患，然猶刑耗多端而已，身無咎。

閒　戊午　喜
閒　癸亥　喜
　　丙戌　喜
　　[空]

丙戌日元，生於辰時，冲去庫根，壬癸並透，喜其戊合，去官留煞，更喜年逢刃助，火虛有焰，更妙無金，科甲出身，宿映台垣，重旬宣之職，獻分禹甸，特隆鎖鑰之權。

用　壬辰　忌
忌　癸亥　閒
忌　癸亥　閒
丙辰　忌
用　甲午　喜

此造官殺乘旺，原可畏也。然喜午時生，食制殺；時干透甲，生火洩水，旺殺半化為印。兼木兩遇長生，賴此木根愈固，上下情協，不誣也。白手成家，發財數萬。

喜　丁卯　喜
忌　辛亥　用
丙寅　閒
閒　丙申　忌

此造殺雖秉令，而印綬亦旺，兼之比劫並透，身旺足以用殺，不宜合殺，合則不顯。加以辛金貼身，而日主之情必貪戀羈絆。喜其丁火劫去辛金，使日主無牽制之意，更妙申金滋殺，日主依喜用而馳驟矣。至戊申登科，運發甲大志有為也。

閒　戊申　忌

此造日主雖坐旺，乃生於亥月，究屬休囚。五行無木，壬癸並透，支逢生旺，各立門戶，喜

閒 癸亥 忌
丙午 喜
忌 壬辰 忌

其合去癸水。不致混也。更妙運走東南木火鄉。榜出身。寵錫傳來紫闥。承宣協佐黃堂。

喜 丙子 忌
閒 己亥 忌
丙寅 用
閒 戊子 忌

丙火生於孟冬。又逢兩子。天干離共。地支坎旺。用寅木以升之也。至壬寅東方木地。采芹折桂。卯運。出仕。一路運走東南。仕至觀察。

喜 己酉 喜
用 乙亥 喜
丙寅 喜
喜 戊子 喜

此以酉金為源頭。生亥水。亥合寅而生丙火。丙火生戊土。元神皆厚。鄉榜出身。仕至觀察。為人寬厚端方。九子二十四孫。富有百餘萬。壽至百二十歲。無疾而終

用 癸酉 喜
喜 甲子 喜
　 丙寅 喜
喜 乙未 閒

丙生子月，坐下長生，印透根深，弱中之旺。喜其官星當令，透而坐財，所謂一淸到底有精神也。更妙源流不悖，純粹可觀。金水運登科發甲，名高翰苑，惜中運火土，以致終老于詞林。

用 癸未 忌
閒 甲子 喜
　 丙寅 閒
忌 丁酉 喜

此與前癸酉一造，大同小異。前則官坐財地，此則官坐傷地，兼之子未相貼，不但天干之官受剋，即地支之官亦傷，更嫌刧入財鄉，所謂財刧官傷，縱使芹香早采，仍蹭蹬秋闈。辛酉庚申運，干支皆財，財如放梢春竹，利如蔓草生枝，家業豐裕。一交己未，傷妻剋子，連遭回祿，家業大破，可知窮通在運矣。

忌 壬辰 忌
忌 壬子 忌

此造壬水當權，煞官重疊，最喜日坐長生，寅能納水，化煞生身，時歸祿旺，足以敵官。更妙無金，印星得用，煞勢雖強，不足畏也。至丙辰幫身，又逢己巳流年，去官之混，捷報南

	丙寅	用
忌	癸巳	喜

宮出宰名區。

忌	壬子	忌
忌	壬子	忌
	丙戌	喜
用	戊戌	喜

此造年月兩逢壬子。煞勢猖狂。幸而日時坐戌。通根身庫。更妙戊土透出。足以砥定汪洋。尤羨運走東南。扶身抑煞。至乙卯運中。水臨絶。火逢生。鹿鳴宴罷瓊林宴。桂花香過杏花香。仕至郡守。

用	癸酉	喜
喜	甲子	喜
	丙寅	喜
喜	戊戌	喜

此造以甲木爲精。衰木得水滋。而逢寅祿。爲精足。以戊土爲神。坐戌通根。寅戌拱之。爲神旺。官生印。印生身。坐下長生。爲氣貫。流通生化。五時俱足。左右上下。情協不悖。官來能攩。刼來有官。傷來有印。東西南北之運。皆可行也。所以一生富貴福壽。可謂美矣。

喜 辛酉 喜
喜 庚子 喜
丙寅 喜
用 癸巳 喜

此以金為源頭，流至寅木，印綬生身，更妙巳時得祿，財又逢生，官星透露，清純而有精神，中和純粹，起處亦佳，歸局尤美，詞林出身，仕至通政，一生無險，名利雙輝。

喜 己未 喜
忌 丁丑 用
丙戌 喜
喜 戊戌 喜

丙火生於季冬，滿局皆土，格成火土從兒，丑中辛財為用，為一個元機暗裏存也，所嫌者丁火蓋頭，通根未戌，忌神深重，未能顯秩，妙在中運走癸酉壬申，喜用齊來，宦途順遂。

喜 戊寅 忌
忌 乙丑 喜
丙寅 忌

丙寅日元，雖支遇三寅，最喜丑土乘權，財星歸庫，若運走西北土金，財業必勝前造，惜一路東南木火之地，祖業破盡，偏歷數省，奔馳不遇，至午運暗會刦局，死於廣東，一事無成，莫非運也。

用 庚寅 忌
忌 戊戌 忌
喜 乙丑 忌
丙辰 忌
忌 己丑 忌

此四柱皆土。命主元神洩盡。月干乙木凋枯。所謂精氣枯索。運逢壬戌。本主受傷。年逢辛未。緊剋乙木。卒於九月。患弱症而亡。

忌 庚寅 喜
忌 己丑 忌
丙子 忌
用 乙未 喜

丙火生於季冬。坐下子水。火虛無焰。用神在木。木本凋枯。雖處兩陽。萌芽未動。庚透臨絕。爲病甚淺。所嫌者月支丑土。使庚金通根。丑內藏辛。正忌神深入五臟。又己土乃庚金嫡母。晦火生金。足以破寅。子水爲腎。丑合之。不能生木。化土反能助金。丑土之爲病。不但生金。抑且移累於水。是以病患肝腎兩虧。至卯運能破丑土。名列宮牆。乙運庚合。巳丑拱金。虛損之症。不治而亡。

忌 壬子 忌　滿局官殺，日主虛弱，雖食傷並見，但丑辰皆濕土，能蓄水，不能止水，初交甲寅乙卯，化
忌 癸丑 閒　殺生身，早游泮水，財業有餘，後交丙辰，不但不能幫身，反受官煞回剋，刑妻剋子，家業
丙午 閒　耗散，中年暗拱殺局而亡，所謂助之則吉，幫之反害也。
忌 壬辰 閒

用 癸酉 喜　丙火生丑臨申，衰弱無烟，酉丑拱金，月干乙木，凋枯無根，官星坐財，傷逢財化，以成金
忌 乙丑 喜　水之勢，癸亥運中，入泮登科，辛酉庚申，去印生官，由縣令而遷州牧，宦囊豐厚，己未南
丙申 喜　方燥土，傷官助劫，不祿。
忌 丙申 喜

閒 癸卯 忌　此造俗所謂殺印相生。 強殺淺，金水運，名利雙收，不知癸水之氣，盡歸甲木，地支寅
忌 甲寅 忌　卯辰全，木多火熄，母慈滅子，初運癸丑壬子，生木剋火，刑傷破耗，辛亥庚戌己酉戊申，
丁卯 忌　土生金旺，觸犯木之旺神，顛沛異常，無存身之地，是以六旬之前，一事無成，丁未運助

起日元順母之性得際遇娶妾連生兩子及丙午二十年發財數萬壽至九旬外

忌 甲辰 忌
閒 己亥 閒
忌 丙寅 忌
　 丁亥 用
喜 庚戌 忌

丁火生於寅月木正當權火逢相旺必以亥水官星爲夫明矣年支亥水合寅化木而日支亥水必要生扶爲是時干庚金隔絕無生扶之意又逢戌土緊剋之則日主之情必向庚金矣所以淫賤之至也

閒 戊寅 忌
忌 甲寅 忌
　 丁未 閒
用 辛丑 喜

丁火生於春令印綬太重最喜丑時財庫冲去未中比印生起財星必以辛金爲夫丑土爲子也初運北方水地洩金生木出身寒微至庚戌己酉戊申三十載土金之地裕夫發財生三子皆貴誥封恭人所謂棄印就財且夫得子助故後嗣榮發也

忌 癸卯 忌

此造財藏殺露殺印相生又聯珠相生似乎貴格所以祖業數十萬不知年干之殺無

忌 甲寅 忌
丁巳 忌
喜 己酉 用

根其菁華盡被印綬竊去不用癸水明矣必用酉金之財蓋頭覆之以土似乎有情但木旺土虛相火逢生則巳酉不會財不眞矣一交壬子洩金生木一敗如灰至亥運印遇長生竟遭餓死

忌 癸酉 忌
閒 乙卯 閒
丁未 喜
忌 辛亥 閒

丁火生於仲春支全木局癸坐酉支似乎財滋弱煞煞印相生不知卯酉逢冲破其印局天干乙辛交戰又傷印之元神財煞肆逞至辛運壬子年又逢財煞犯法遭刑

喜 戊子 閒
忌 乙卯 忌
丙寅 忌
忌 丁酉 閒

丙寅日元坐於卯月木火並旺土金皆傷水亦休囚幼運丙辰丁巳遺業消磨戊午己未燥土不能生金洩火經營虧空萬金逃於外方交庚申辛酉二十年竟獲居奇之利發財十餘萬

用 戊申 喜

忌 丙辰 喜

丁戊 忌

忌 甲辰 喜

丁卯日元．生於季春．傷官生財．嫌其木盛土虛．書香難就．幸得傷官化劫．使丙火無爭財之意．所以運至庚申辛酉．承先人之事業雖微．而自刱之規模頗大．財發十餘萬．

用 壬午 忌

忌 甲辰 喜

丁巳 忌

閒 己酉 喜

丁火生於季春．官星雖起．坐下無根．其氣歸木．日主臨旺．時財拱會有情．却與官星不通．且中年運走土金．財星洋溢．官星有損．功名不過一衿．家業數十萬．若換酉年午時．名利雙輝矣．

用 壬寅 喜

喜 甲辰 喜

年干壬水爲始．日支亥水爲終．官生印．印生身．食神發用吐秀．財得食神之覆．官逢財星之生．傷官雖當令．印綬制之有情．年月不反背．日時不妒忌．始終得所．貴至極品．富

丁亥 喜
己酉 喜

有百萬子孫濟美壽至八旬

壬戌 忌 閒
甲辰 閒 用
丁酉 忌
己酉 忌 忌

此造槪云木透月干春木足以生火年干壬水生木日時兩坐長生皆作旺論惜地支土金太重天干水木之根必淺水木無氣則丁火之蔭不固夫甲木生於季春退氣之神也辰酉合而化金則甲木之餘氣已絶戌土隔之使金不能生水戌土足以制之壬水受剋不能生木辰酉化金必能剋木日主根原不固可知如謂酉是丁火長生五行顚倒矣酉中純辛無他氣所雜金生水無生火之理火到酉位死絶之地更嫌時干竊去命主元神生金洩火而水木火三字皆虛矣後果夭於癸酉年由此論之小兒之命不易看也

辛酉 喜 喜
壬辰 喜 用
丁巳 喜

傷官雖旺合酉化金則官星之元神愈厚矣巳火拱金辰土引之則財之元神愈固矣時透印綬助日主之光輝制辰土之傷官所謂木不枯火不烈水不涸土不燥金不脆氣靜和平之冢夫榮妻貴受一品封

喜 甲辰 喜
閒 乙亥 喜
忌 辛巳 喜
丁巳 喜
忌 庚戌 喜

丁巳日元，生於孟夏月時，兩透庚辛，地支又逢生助，巳亥逢冲，去火存金，夫健怕妻，喜其運走東方木地，助印扶身，大魁天下，宦海無波，子運兩巳受制，不祿

閒 壬午 忌
忌 乙巳 忌
丁丑 用
忌 丙午 忌
喜 丁卯 喜

丁火生於孟夏，柱中刦旺逢梟，天干壬水無挑，置之不用，最喜丑中一點財星，深藏歸庫，丑乃溼土，能洩火氣，不但無爭奪之風，反有生生之誼，因初運丙午丁未，所以身出寒門，書香不繼，喜中運三十載西方土金之地，化刦生財，財發十餘萬，所謂吉神深藏，終身之福也。

此亦木火各半，兩氣成象，日主是火，長於夏令，木從火勢，格成炎上，更不宜見金，寅運

喜　乙巳　喜　火逢生助。巡撫浙江。至辛運水年。木火皆傷。故不能免禍。所謂二人同心。可順而不可
　　丁卯　喜　逆也。
喜　乙巳　喜

忌　丙申　閒　丙午日元。生於巳月午時。羣比爭財。熯乾癸水。初運甲午。刃刦猖狂。父母早亡。己巳助
喜　癸巳　忌　刃。家業敗盡。丙申丁酉。火蓋頭。且局中巳午火回剋金。貧乏不堪。交戊戌稍能立足
　　丙午　忌
忌　甲午　忌

忌　丁未　忌　丁火生於孟夏。柱中梟刦當權。一點癸水。不足相制。最喜坐下酉。冲去卯木。生起癸水。
忌　乙巳　忌　出身貧寒。癸運入學。又得妻財。壬運登科。辛丑選知縣。仕至郡守。此造若無酉金。不但
喜　丁酉　喜　無妻財。而且名亦不成矣。
用　癸卯　忌

心一堂術數古籍珍本叢刊　星命類　二六八

忌 丙辰 閒
用 癸巳 忌
丁丑 喜
喜 甲辰 閒

丁火生於巳月。癸水夫星清透。時干甲木印綬獨清。是以品格端莊。持身貞潔。惜丙火太旺。生助傷官。以致鏡破釵分。然喜巳丑拱金。財星得用。身旺以財爲子。教子成名。兩子皆貴。受三品之封。

忌 丁酉 喜
忌 乙巳 喜
丁丑 用
忌 丙午 忌

丁火生於巳月午時。比劫並旺。又逢木助。其勢猛烈。年支酉金。本日主之所喜。遥隔遠列。又被丁火蓋之。巳火劫之。似乎無情。最喜坐下丑土。烈火逢溼土。則成生育慈愛之心。邀巳酉合成金局。歸之庫內。其情似相和好。不特財來就我。又能洩火吐秀。故能發甲。仕至藩臬。名利雙全。

喜 甲申 喜
喜 庚午 喜

此造天干四字。地支皆坐祿旺。惟日主坐當令之祿。足以任其財官。清而且厚。精足神旺。所以東西南北之運。皆無咎也。出身世家。遺業百餘萬。早登科甲。仕至方伯。六旬外

丁亥　喜　退歸林下一妻四妾十三子優遊晚境壽越九旬

用　壬寅　喜

喜　庚寅　忌　此財官虛露無根梟比當權得勢以四柱觀之貧夭之命不知有水遇火刦有救至甲

閒　壬午　忌　申乙酉運庚金祿旺壬癸逢生又冲去寅卯之木所謂衰神冲旺旺神發驟然財發鉅

丁卯　忌　萬命好不如運好信斯言也

用　癸卯　忌

用　戊申　喜　此火土傷官日主旺極喜其傷官發洩菁華更妙財星得用庚申辛酉運少年剏業發

用　戊午　忌　財十餘萬壬戌幸而水不通根雖有刑耗而無大患至癸亥運激火之烈洩財之氣不

丁巳　忌　祿

忌　乙巳　忌

喜 壬申 用

忌 丁未 忌

丁未 忌

喜 癸卯 忌

此造日月皆丁未。時煞無根。喜其壬水官星助煞。不宜合也。幸而壬水坐申。合而不化。申金為用。更妙運走西北金水。助起官煞。鄉榜出身。仕版連登。由縣令而遷司馬。位儕黃堂。

忌 丙申 喜

忌 乙未 忌

丁未 忌

喜 庚戌 忌

丁生季夏。未戌燥土。不能晦火生金。丙火足以焚木剋金。則土愈燥而不洩。申中壬水涸而精必枯。故初患痰火。亥運水不敵火。反能生木助火。正杯水車薪。火勢愈烈。吐血而亡。

忌 己丑 忌

忌 壬申 忌

丁未 喜

此造無印。壬水緊剋。午未雖是餘氣祿旺。丑中蓄水。暗傷午未之火。壬水逢生。又傷丙火。更嫌己土一透。不能制水。反能晦火。兼之中運逢土。又洩火氣。謂剋洩交加。因之功名未遂。耗散資財。尚不免刑妻剋子。細究皆己丑兩字之患。幸格局順正。氣象不偏。將

間　丙午　喜

來運至木火之地．雖然屈抑於前．終必奮亨於後．

間　庚午　忌
間　乙酉　喜
　　庚午　忌
用　壬午　忌

庚生仲秋．支中官星三見．則酉金陽刃受制．五行無土．弱可知矣．喜其時上壬水爲輔．吐其秀氣．所以聰明權勢爲最．第月干乙木透露．戀財而爭合．一生所愛者財．不知急流勇退．但財臨刃地．日在官鄉．官能制刃．財必生官．官爲君象．故運走庚寅．金逢絕地．官得生．拱其財．仍歸官矣．此權相和珅命造也．

喜　辛巳　喜
忌　丁酉　喜
　　丁酉　喜
用　辛丑　喜

丁火生於八月．秋金秉令．又全金局．火太衰者．似木也．初運乙未甲午．火木並旺．骨肉如同畫餅．六親亦是浮雲．一交癸巳干透水．支拱金．出外經營．大得際遇．壬辰運中發財十餘萬．

忌　庚辰　忌

丁火日元．時逢旺地．兩印生身．火焰金爐．似乎富格．不知月干乙木．從庚而化．支金會

忌 乙酉 忌
丁丑 忌
喜 乙巳 忌

局。四柱皆財。反不眞矣。祖業亦豐。初運丙戌丁亥。比刼幫身。財喜如心。戊子己丑。生金晦火。財散人離。竟凍餓而死。

用 丁丑 忌
忌 庚戌 忌
庚子 忌
喜 甲申 忌

秋金銳銳。官星虛脫。不能相制。財星臨絕。何暇生官。初運土金。晦火生金。刑場破耗。無所不見。丁未丙午。助起官星。家業鼎新。乙巳晚景優遊。所謂傷之有功也。

忌 丙申 喜
喜 戊戌 用
丁卯 忌
忌 乙巳 忌

此火土傷官。刼印重疊。旺可知矣。以申金財星爲用。遺業本豐。辛丑壬運。經營獲利。發財十餘萬。至寅運。金臨絕地。刼遇長生。又寅申冲破。所謂旺者冲衰。衰者拔。不祿宜矣。

忌 癸丑 忌
忌 壬戌 喜
忌 丁亥 忌
忌 壬寅 用

此造以丁火陰柔生於深秋殺官重疊必不能養殊不知官殺雖旺妙在戌月通根身庫足以制水更好無金時支寅木不傷氣貫生時足以納水不但易養成人可遂書香之志然官殺一類勿以官為喜殺為憎身弱者官皆是殺身旺者殺皆是官只要無財有印便為佳造如云丁火死寅謬之極矣寅中甲木乃丁之嫡母何以為死凡陰干以生地為死死地為生非正論也果幼年無病聰慧過人甲戌年入泮後運走南方火土制殺扶身未可限量也

忌 丙寅 忌
喜 戊戌 用
丁酉 喜
忌 乙巳 忌

丁火生於戌月局中木火重重傷官用財格局本佳部書出身仕至縣令惜柱中無水戌乃燥土不能生金晦火木生火旺巳酉無拱合之情所以妻妾生十子皆剋

戊寅 用
癸亥 閒
丁未 喜
辛亥 閒

此癸水臨貼。旺身相剋。被戊土合去。反作幫身。月支亥水本助殺。得年支寅亥合來生身。寅本遙隔反爲親近。時支之亥又逢未會。以難爲恩。一來一去何等情協。一往一會。通關無阻所以科甲連登。仕至黃堂。

癸亥 閒
癸亥 閒
丁卯 用
癸卯 用

此造干透三癸。支逢兩亥。乘權秉令。喜其無金。兩卯拱局。生化不悖。清而純粹。庚申辛酉運中。蹭蹬功名。刑耗並見。交己未運。干制煞。支會印。功名層疊而上。接行戊午丁己丙運。仕至觀察。名利雙輝。

癸卯 用
癸亥 閒
丁卯 喜

此造官殺乘權。原可畏也。然喜支拱印局。巧借栽培。流通水勢。官星有理會也。第嫌初運庚申辛酉。生殺壞印。偃蹇功名。己未支全印局。干透食神。雲程直上。仕至尚書。然有其命。必得其運。倘不得其運。一介寒儒矣。

忌　辛亥　閒

用　癸酉　喜　　此造天干地支皆殺生印．印生身．時歸祿旺．尤妙四冲．反爲四助．金見水．不剋木而生

喜　甲子　喜　　水．水見木．不剋火而生木．此自然不隔不占．無阻節之物．日主弱中變旺．遇水仍能生

丁卯　喜　　木．逢金仍能生水．印綬不傷．所以秋闈早捷．仕至觀察．

喜　丙午　喜

忌　癸亥　忌　　此造殺官當令．嫌其甲木透干．不能棄命從殺．只得殺重用印．則忌卯酉逢冲．去甲木

用　甲子　忌　　之旺地．雖天干有情．家業頗豐．而地支不協．所以妻生八女．妾生八女．所謂身衰印作

丁酉　忌　　兒．此財星壞印之故也．

忌　癸卯　閒

閒　丁丑　忌　　丁火生於仲冬．干透壬水．支全亥子丑北方．官星旺極．辰乃溼土．不能制水．反能晦火．

忌　壬子　忌　日主虛弱。甲木凋枯。自顧不暇。且溼木不能生無焰之火。謂淸枯之象。官星反不眞也。
　　丁亥　忌　喜其無金。氣勢純淸。其爲人學問眞醇。處世無苟。訓蒙度日。苦守淸貧。
喜　甲辰　忌

忌　丁巳　忌　丁火雖生季冬。比刦重重。癸水退氣。無力制刦。不足爲用。必以丑中辛金爲用。得丑土
閒　癸丑　用　包藏洩刦生財。爲輔用之喜神也。所嫌者卯木生刼奪食爲病。以致早年妻子刑傷。初
　　丁卯　忌　運壬子辛亥。冲暗巳午之火。蔭庇有餘。庚戌運暗來拱合午火。刑傷破耗。至巳酉會金
忌　丙午　忌　局。冲去卯木之病。財發十餘萬。由此觀之。暗冲其忌神。暗會其喜神。發福不淺。暗冲其
喜神。忌會其忌神。爲禍非輕。暗冲暗會之理。其可忽乎。

忌　甲寅　忌　丁火生於季冬。局中印綬疊疊。弱中變旺。足以用財。庚金虛露。本無出色。喜其丑內藏
忌　丁丑　用　辛爲用。亦是元機暗裏存也。丑乃日元之秀氣。能引比肩來生。又得卯戌合而丑土不
　　丁卯　閒　傷。所以身居鼎右。探花及第。

喜 庚戌 喜

喜 甲子 忌 春初土虛。殺旺逢財。以丙火爲用。喜其財印相隔。生生不悖。更妙未時幫身爲喜。四柱

用 丙寅 喜 純粹。主從得宜。所以早登甲第。一生有吉無凶。仕至觀察。後退歸優游林下。生六子皆

戊寅 喜 登科第。夫婦齊眉。壽越八旬。

喜 己未 喜

忌 癸丑 忌 戊戌日逢庚申時。食神有力。殺旺無印。足以強制。生八九子。有三四子貴顯。而授一品

閒 甲寅 閒 之誥封者。土金有情之妙也。其爲人貪惡兩備者。不能化殺之故也。淫靡無禮者。火不

戊戌 喜 現。水得地之故也。蓋寅申冲。則丙火必壞。丑戌刑。則丁火亦傷。兼之癸水透。則日主之

用 庚申 喜 心志。必欲合而求之。不顧寅戌支藏之火。暗中剋盡。夫火司禮。無禮則無所不爲矣。設

使年干癸水換於丁火。未有不仁德者也。其富貴福壽。皆申時之力也。後生落頭疽而亡。積惡多端。天誅之矣。

忌 庚申 忌
喜 戊寅 喜
　 戊寅 喜
忌 庚申 忌

此兩煞逢四制。幸春木得時秉令。剋不盡絕。至午運。補土之不足。去金之有餘。登科擢縣令。至甲申運。又逢食制。死於軍功。

閒 戊子 忌
忌 甲寅 忌
　 戊午 用
忌 甲寅 忌

戊土生寅月寅時。土衰木盛。最喜坐下午火。生拱有情。正請衆煞猖狂。一仁可化。子水之財生寅木。不冲午火。其情協。其關通。尤羨運走南方火土。所以早登黃甲。出仕馳名。

忌 甲戌 喜
用 丙寅 忌

戊寅日元。生於立春十五日後。正當甲木司令。地支兩寅。緊剋辰戌之土。天干甲木。又制日干之戊。似乎煞旺身衰。然喜無金則日元之氣不洩。更妙無水則丙火之印不壞。

戊寅　忌　　尤羨貼身透內化殺生身。由甲榜而懸青綬。從副尹以躋黃堂。名利雙收也。

用　丙辰　忌

喜　甲戌　喜

用　丙寅　喜

戊辰　閒

戊辰日元。生於立春後六日。正戊土司令。月透丙火。生化有情。日支坐辰。通根身旺。又得食神制殺。不知嫩木寒土皆喜火。況殺既化。不宜再制。所嫌者申時。不但日主洩氣。而且丙火臨絕。以致書香難遂。一生起倒不寧。刑喪不免也。

忌　庚申　忌

忌　癸未　喜

忌　甲寅　忌

戊戌　喜

用　庚申　喜

戊生寅月。木旺土虛。喜其坐戌通根。足以用金制殺。況庚金亦坐祿支。力能伐木。所謂不太過者。宜剋也。雖年干癸水生殺。得未土制之。使其不能生木。喜者有扶。憎者得去。五行和矣。且一路運程與體用不背。壽至九旬。耳目聰明。行止自如。子旺孫多。名利福壽俱全。一世無災無病。

忌 壬辰 忌
忌 壬寅 用
　 戊戌 喜
喜 丙辰 忌

戊土生於寅月。木旺土虛。天干兩壬。剋丙生寅。此天干之氣濁。財星壞印。所以書香不繼。寅能納水生火。日主坐戌之燥土。使壬水不至冲奔。其清處在寅也。異路出身。丙運升縣令。

用 乙亥 喜
忌 己卯 喜
　 戊辰 閒
喜 癸亥 喜

此造官煞混雜。幸亥卯會合。雖不貴而富。丙子運。極其蹭蹬。子卯相刑也。乙亥運。漸入佳境。甲戌運。富甲一省。癸酉運。己土剋癸。卯酉再冲。從格被破。難免於禍。

忌 甲寅 忌
用 丁卯 忌
　 戊辰 忌

此木方全搭。一未字爲混。然無未字。則日主虛脫。且天干甲木透出。作殺而不作官。必要未字。日主氣貫。身殺兩停。名利雙輝。鼎甲出身。仕至極品。可知方混局之無害也。

喜　己未　喜
喜　癸亥　喜
喜　乙卯　喜
　　戊午　忌
戊土生於仲春。官殺並旺。臨祿。又財星得地。生扶。雖坐下午火印綬。虛火不能納土。格成棄命從煞。官煞一類。既從不作混論。至子運。冲去午火。庚子年。金生水旺。冲盡午火。中鄉榜。

用　甲寅　喜
用　乙卯　喜
忌　己卯　喜
　　戊辰　喜
戊土生兩仲春。木正當權。坐下辰土。蓄水養木。四柱絕無金氣。又得亥時。水旺生木。又無火以生化之。格取從官。非身衰論也。雖非科甲出身。運走丙子乙亥。連登仕版。位至封疆。至癸酉運。落職而亡。

喜　癸亥　喜
喜　庚子　喜
此造戊土生於季春。局中層疊庚辛。格取從兒。喜其支會財局。生育有情。因中年運走

用 庚辰 喜
　 戊申 喜
喜 辛酉 喜

土金生助財星。所以甲第連登。仕至郡守。

忌 壬子 忌
忌 甲辰 喜
　 戊戌 喜
用 丙辰 喜

戊戌日元。生於季春時。逢火土。日元得氣。雖春時虛土。而殺透通根。兼主壬水得地。貼身相生。此謂身煞兩停。非身強煞淺也。天干壬水剋丙。所以書香不利。喜其初運南方。捐納出身。仕名區宰大邑。但財露生煞為病。恐將來運走西方。水生火絕。緣其人好奢少儉。若不急流勇退。難免不測風波。

忌 丁酉 喜
喜 甲辰 忌
　 戊戌 忌
忌 戊午 忌

比重重厚土。甲木[illegible]氣。不能疏土。則日主之情。必在年支酉金。發洩菁英。金逢火蓋。其意亦欲日主之生。雖然遠隔。兩意情通。喜辰酉合而近之。如中有媒矣。初運癸卯壬寅。離間喜神。功名蹭蹬。困苦刑傷。辛丑運中。晦火會金。入泮連登科甲。庚子己亥戊戌酉北土金之地。仕至尚書。

忌 戊午 忌
忌 丙辰 忌
　 戊辰 忌
用 辛酉 喜

此重重火土。最喜酉時傷官透露。洩其菁華。三旬之前。運逢火土。蹭蹬芸牕。一交庚申。雲程直上。及辛酉壬戌癸亥四十載。體用合宜。由署郎出爲𠫊使。從藩臬而轉封疆。宦海無波。

閒 乙未 忌
閒 庚辰 忌
　 戊辰 忌
忌 丙辰 忌

戊土生於季春。乙木官星透露。盤根在未。餘氣在辰。本可爲用。嫌其合庚。謂貪合忘剋。不顧日主之喜。我合而不化。庚金亦可作用。又有丙火當頭。至二十一歲。因小試不利。即棄詩書。不事生產。以酒爲事。且曰高車大纛吾不爲榮。連陌度阡吾不爲富。惟此怡悅性情。適吾口體。以終吾身足矣。

閒 乙亥 用
閒 庚辰 忌

戊戌日元。生於辰月巳時。木退氣。土乘權。印綬重逢。用官則被庚金合壞。用食則官又不從化。而火又剋金。無奈何而用財。又有巳時遙冲。又不當令。若邀庚金生助。貪合忘

戊戌 忌
忌 丁巳 忌

生。且遙隔無情。所以起倒不一。幸而財官尚有餘氣。至乙亥運。補起財官。遂成小康。

忌 庚申 忌
忌 庚辰 忌
戊辰 忌
喜 戊午 用

戊土生於季春午時。似乎旺相。第春時虛土。非比六九月之實也。且兩辰蓄水為溼。足以洩火生金。干透兩庚。支會申辰。日主過洩。用神必在午火。喜水木不見。日主印綬不傷。精神旺足。純粹中和。一生宦海無波。三十餘年太平相業。直至子運。會水局。不祿。壽已八旬矣。

閒 甲申 用
忌 戊辰 喜
戊子 喜
忌 戊午 忌

戊子日元。生於辰月午時。天干三戊。旺可知矣。申木退氣臨絕。不但無用。反為混論。其精氣在地支之申。洩其精英。惜春金不旺。幸子水冲午。潤土養金。雖捐納佐貳。仕途順遂。

閒 乙未 忌 戊土生於巳月柱中火土本旺辛金露而無根兼之巳時丁火獨透剋辛局中全無溼

閒 辛巳 忌 氣更嫌年干乙木助火之烈所以剋兩妻生十二子刑過十子後存二子

戊戌 忌

忌 丁巳 忌

用 辛丑 喜 此以火爲源頭流止水方更妙月時兩火之源皆得流通至金水歸局所以富有百萬

喜 癸巳 喜 貴至二品一生履險如夷所謂景星慶雲仰衆星之拱向花攢錦簇盼五福之駢臻

戊申 喜

喜 丙辰 喜

閒 甲辰 喜 戊土生於巳月日主未嘗不旺然地支兩辰木之餘氣亦足喜其合煞留官官星坐祿

閒 己巳 喜 更妙運途生化不悖所以早登雲路掌典籍而知制誥陪侍從而應傳宣也

戊辰 喜

用　乙卯　喜
閒　乙酉　喜
用　辛巳　忌
　　戊午　忌
忌　丙辰　閒

此火土當權。乙木無根。以辛金爲用。辛丑年入泮。後因運程不合。屢困秋闈。至丑運。暗拱金局。科甲連登。丙子乙亥。地支之水本可去火。天干木火不合。所以仕途蹭蹬。未能顯秩耳。

閒　乙亥　忌
喜　辛巳　喜
　　戊申　喜
用　甲寅　閒
忌　戊辰　忌

天干乙辛甲戊。地支寅申巳亥。天地交戰。似乎不美。然喜天干乙辛。去官星之混殺。地支寅申。制殺之肆逞。巳亥逢冲。壞印。本屬不喜。喜在立夏後十天。戊土司令。則亥水受制而已。火不傷。中年運途木火。助印扶身。聯登甲第。仕至郡守。至子運扶起亥水。生煞壞印。不祿。

此造重重厚土。生於夏令。土太旺者。似木也。其用在金。庚申運。早采芹香。辛酉運。辛丑

忌 戊午 忌
年飲鹿鳴宴瓊林雲程直上壬戌運刑喪挫折丙午年亡

戊申 用

忌 己未 忌

忌 戊午 忌
忌 戊午 忌
戊午 忌
忌 甲寅 忌

此造三逢戊午時殺雖坐祿支局中無水火土燥烈臣盛君衰且寅午拱會木從火勢轉生日主君恩雖重而日主之意向反不以甲木爲念運走西方金地功名顯赫甚重私情不以君恩爲念也運逢水旺又不能存君之子註誤落職

忌 丁亥 喜
忌 丙午 忌
戊寅 喜
用 甲寅 喜

戊土生於午月局中偏官雖旺印星太重木從火勢火必焚木一點亥水不能生木剋火交癸運剋丁生甲連登科甲出宰名區辛運合丙仕路順遂交丑運剋水告病致仕

忌 戊子 閒　此滿局火土，子衰午旺，冲則午發而愈烈。敷乾滴水，謂天干不覆。初交己未，孤苦萬狀。
忌 戊午 忌　至庚申辛酉運，引通戊土之情，大得際遇，娶妻生子，立業成家。一交壬戌，水不通根，暗
戊戌 忌　拱火局，遭祝融之變，一家五口皆亡。如天干透一庚辛，或地支藏一申酉，豈至若是之
忌 戊午 忌　結局乎。

忌 戊申 用　此與前造祇換一申字，而天干之氣下降，地支之水有源，午火雖烈，究不能傷申金，用
忌 戊午 忌　金明矣。況有子水爲去病之喜神，交申運，戊辰年四月入學，九月登科，蓋得太歲辰字
戊子 喜　暗會水局之妙。惜將來壬戌運中，天干羣比爭財，地支暗會火局，未見其吉矣。
忌 戊午 忌

忌 甲寅 忌　局中七殺五見，一庚臨午無根，所謂弱神無根，宜去之；旺神太過，宜洩之也。用午火則
閒 庚午 用　和矣。喜其午火當令，全無水氣，雖運逢金水，不能破局而無礙。運走木火，名利兩全。此

戊寅　忌　因神氣足精氣自生是以富貴福壽一世無災子廣孫多後嗣繼美

忌　甲寅　忌

喜　己丑　忌　戊土生於午月印星秉令時逢癸亥正日元得氣遇財星也但金氣太旺又年支溼土

忌　庚午　用　晦火生金日元反弱則印綬暗傷書香難遂捐納出身至丙寅丁卯運木從火勢生化

戊申　忌　不悖仕至黃堂喜其午火眞神得用爲人忠厚和平後運乙丑晦火生金不祿

忌　癸亥　忌

喜　庚寅　忌　此以火爲源頭年支寅木阻節月干壬水隔之不能流至金初運土金之地冲化阻節

用　壬午　忌　之神業同秋水春花感人被堯天舜日恩一交丙戌支會火局梟神奪食破耗異常又

戊午　忌　剋一妻二妾四子至丁亥運干支皆合化木煢煢隻影孤苦不堪削髮爲僧

忌　丁巳　忌

忌　丁酉　喜
忌　丁未　忌
　　戊戌　忌
忌　丁巳　忌

土生夏令。重疊印綬。四柱全無水氣。燥土不能洩火生金。剋三妻五子。至丑運濕土晦火生金。又會金局。得一子方育。由此觀之。食神傷官爲子明矣。凡子息之有無。命中有一定之理。命中只有五數。水一火二木三金四土五也。當令其倍之。休囚者減半。除加減之外而多者。稟賦之故也。

閒　己巳　忌
用　辛未　忌
　　戊戌　忌
閒　己未　忌

戊土生於未月。重疊厚土。喜其天干無火。辛金透出。謂裏發於表。其精華皆在辛金。運走己巳戊辰。生金有情。名利裕如。丁卯運。辛金受傷。地支火土並旺。不能疏土。反從火勢。則土愈旺。辛屬肺。肺受傷。血脈不能流通。病患氣血兩虧而亡。

忌　己酉　喜
用　辛未　忌
　　戊辰　忌

土榮夏令。逢金吐秀。更喜無木。富貴之造也。所以身出宦家。通詩書。達禮教。至酉運。夫星祿旺。生一子。夫主登科甲。戌運。刑冲出丁火。閨中雪舞。而家道日落。青年守節。苦志教子成名。至子運。子登科仕至郡守。受誥封。壽至寅運。金絕之地。

喜　壬戌　忌
喜　癸丑　喜
用　庚申　用
　　戊午　閒
閒　己未　閒

戊土生於仲秋。柱中劫印重重。得食神秉令。爲夫洩其菁英。更喜癸水潤土養金。秀氣流行。是以人品端正。知大義。雖出農家。安貧紡績。佐夫孝事舅姑。至癸亥運。夫舉於鄉。旋登甲榜。仕至黃堂。雖夫貴。未嘗以命婦自矜。在家仍布衣操作。生四子。皆美秀。壽至丙運奪食。不祿。

喜　癸未　忌
用　庚申　喜
　　戊戌　忌
忌　己未　忌

此造與前造只換戌未二支。其餘皆同。未丑皆土。午換以戌。用金去火爲宜。大勢觀之。勝於前造。今反不及者。何也。夫丑乃北方溼土。能生金晦火。又能蓄水。未乃南方燥土。能脆金助火。又能暵水。午雖火遇丑土而貪生。戌雖土藏火而愈燥。幸秋金用事。所以貴也。雖出身貧寒。而人品端謹。持家勤儉。夫中鄉榜。仕縣令。生二子。

忌　壬子　忌

戊土生於孟秋。支類西方。秀氣流行。格局本佳。出身大富。所嫌者年干壬水。通根會局。

用 戊申 忌　則財星反不眞矣。兼之運走西北金水之地，所以輕財重義，耗散異常。惟戌運入泮，得

戊戌 閒　子辛亥壬子，貧乏不堪。

忌 辛酉 忌

忌 戊子 喜　此土金傷官，日主祿旺，刦印重逢，一點財星，秋水通源，子賴酉生，酉仗子護，遺業小康。

用 辛酉 喜　甲子乙丑二十年，制化皆宜，自剏數萬。至丙寅運，生助火土，剋洩金水，不祿。

戊午 忌

忌 丁巳 忌

忌 辛酉 忌　此土金傷官重疊，喜其四柱無財，氣象純清，初運木火，體用皆宜，所以壯歲首登龍虎

用 丁酉 忌　榜，少年身到鳳凰池。癸巳壬辰，生金剋火，所以生平志節從何訴，半世勤勞祇自憐。

戊午 喜

忌 辛酉 忌

用　己未　喜
忌　癸酉　忌
　　戊戌　忌
忌　庚申　忌

此土金傷官。支類西方。金氣太重。以刼為用。喜其當頭剋癸。故書香繼志。更妙運走南方火地。拔貢出身。由縣令而遷州牧。洊歷黃堂。一生逢凶化吉。宦海無波也。

忌　癸亥　忌
忌　辛酉　忌
　　戊申　忌
用　己未　喜

土金傷官。財星太重。以致拂意芸牎。幸喜未時刼財通根為用。更妙運途火土。捐縣佐出仕。至丁巳丙辰運。旺印用事。仕至州牧。宦資豐厚。乙卯冲剋不靜。罷職歸田。

喜　壬戌　忌
忌　己酉　閒

戊日酉月。土金傷官。地支兩戌。燥而且厚。妙在年干壬水。潤土洩金而生木。足以用官。亥運財官皆得生扶。功名順遂。壬子。早遂仕路之光。癸丑。支拱金局。服制重疊。甲寅。乙

戊戌 忌　卯。二十年。仕至侍郎。

用 乙卯 喜

閒 戊戌 閒　此土金各半。兩氣成象。取辛金傷官爲用。喜其一路北方運。秀氣流行。少年科甲。仕至

用 辛酉 喜　黃堂。交丙破辛金之用。不祿。凡兩氣成象者。要日主去生。或食或傷。謂英華秀發。多

閒 戊戌 閒　致富貴。所不足者。運破局不免於禍。如金水水木之印綬格。無秀可取。故無富貴。試之

喜 辛酉 喜　屢驗。

閒 己亥 忌　戊生季秋。土正司令。刼印並透。日主未嘗不旺。但甲木進氣。支得長生祿旺。又辰爲木

閒 甲戌 用　之餘氣。洩火養木。無金以制之。殺勢旺矣。喜其甲己合之爲宜。則日主不受其剋。更妙

戊寅 忌　中年運走土金。制化合宜。名高祿重。

喜 丙辰 忌

喜　辛未　忌　戊土生於戌月．未戌皆帶火燥土．時逢丁巳．火土印綬．戌本燥土．又助其印．時在季秋．
喜　戊戌　忌　此之謂燥．非熱也．年干辛金．丁火剋之．辛屬肺．燥土不能生金．初患痰症．肺家受傷之
　　戊戌　忌　故也．其不致大害者．運走丙申丁酉．西方金地也．至乙未甲午．木火相生．土愈燥．竟得
忌　丁巳　忌　蛇皮瘋．所謂皮癢也．癸巳運．水無根．不能剋火．反激其焰．其疾卒以亡身．此火土煸乾
癸水．腎家絶也．

用　戊戌　喜　此水土各半．兩氣成象．喜其通根燥土．財命有氣．然氣勢稍寒．所以運至丙寅．寒土逢
忌　癸亥　忌　陽．連登科甲．更妙亥中甲木暗生．仕至郡守．宦途平坦．
　　戊戌　喜
忌　癸亥　忌

忌　癸亥　忌　戊午日元．生於亥月亥年．時逢甲寅．殺旺．財殺肆逞．夫健怕妻．惜乎印星顯露．財星足
忌　癸亥　忌　以破印．以致難就書香．幸而寅拱午印．剋處逢生．以印化殺．所以武職超羣．

戊午 用
喜 甲寅 喜
用 壬辰 喜
喜 辛亥 喜
戊子 喜
喜 癸丑 喜

此造支類北方。水勢汪洋。天干又透金水。土太衰者。似火也。運至甲寅。乙卯干支皆木。名成利遂。一交丙運。刑妻剋子。破耗多端。至丁巳運。歲運火土。暗傷體用。得風疾而亡。

用 乙卯 喜
喜 丁亥 喜
戊午 喜
閒 丙辰 閒

戊土生於孟冬。財星臨旺。官印雙清。坐祿。日元臨旺逢生。四柱純粹可觀。五行生化有情。喜用皆有精神。所以行運不能破局。身出宦家。連登科甲。生五子。皆登仕籍。富貴福壽之造也。

喜　丁巳　閒
忌　辛亥　忌
　　戊子　忌
用　戊午　閒

此造柱中三火二土。似乎旺相。不知亥子當權。冲壞印綬。天干火土虛脫。其祖上大富。至父輩破敗。兼之初運西方金地。生助旺水。半生顛連不遇。及交丁未運。轉南方接連丙午二十年。大遂經營之願。發財十餘萬。

用　癸酉　喜
閒　甲子　喜
　　戊子　喜
喜　壬子　喜

此造四柱皆水。又得金生。土衰極者。似水也。初逢癸亥平寧之境。壬戌水無根。土得地。刑喪破耗。家業消亡。辛酉庚申二十年。大得際遇。白手發財數十萬。己未運破耗頗鉅。壽亦在未而亡。

忌　癸亥　忌
忌　甲子　忌
　　戊戌　用

戊戌日元。生於子月。亥年月透甲木逢生。水生木。木剋土。夫健怕妻。最喜坐下戌之燥土。中藏丁火印綬。財雖旺。不能破印。所謂元機暗裏存也。第嫌支類北方。財勢太旺。物極必反。雖位至方伯。宦資不豐。

忌 癸丑 忌
喜 辛丑 喜
喜 辛丑 喜
　 戊申 喜
用 壬子 喜

戊土生於季冬，辛金並透通根，坐下申金，壬水旺而逢生地，純粹可觀，早游泮水，至亥運，類聚北方，高攀秋桂，交戊戌，通根燥土，奪去壬水，至丙寅年，冲去申金壬水之根，體用兩傷，不祿。

喜 辛丑 喜
用 辛丑 喜
　 戊戌 喜
喜 癸丑 喜
閑 己未 忌

此造日主旺，比劫多，年月傷官並透通根，丑爲溼土，能生金蓄水，戌爲火庫，日主臨之，不致寒凍也，是以家業富厚，更喜運走西方，不悖，自十六歲生子，每年得一，連生十六子，並無損傷，因此命之美，印星不現，辛金明潤，不雜木火之妙也。

天干戊己逢丁，地支重重丑未，子丑化土斯眞，格象已成，稼穡所不足者，丑中辛金無

忌 丁丑 用 從引出且局中丁火三見辛金暗傷未得生化之妙所以嗣息艱難若天干透一庚辛

戊子 喜 地支藏一申酉必多子矣

閒 己未 忌

喜 辛未 閒 此造非支全四庫之美所喜者辛金吐秀丑中元神透出洩其精英更妙木火伏而不

用 辛丑 閒 見純清不混至酉運辛金得地中鄉榜後因運行南方木火並旺用神之辛金受傷由

戊辰 閒 進而舉而不能選

喜 壬戌 閒

忌 戊午 忌 戊土生於丑月土旺用事木正凋枯且丑乃金庫辛金伏藏不能託根辰戌冲去藏官

閒 乙丑 忌 又逢印綬生身日主足以欺官置天主於度外且中運西方金地淫賤不堪

戊戌 忌

忌 丙辰 忌

忌 壬辰 忌
忌 壬寅 用
己未 喜
喜 戊辰 忌

己土生於孟春。官當令。天干覆以財星。生官有情。然春初己土。濕而且寒。年月壬水。通根身庫。喜其寅中丙火司令爲用。伏而逢生。所謂元機暗裏存也。至丙運。元神發露。戊辰年比助時干刧去壬水。則丙火不受剋。大魁天下。以俗論之。官星不透。財輕刧重。爲平常命也。

喜 甲子 喜
喜 丙寅 喜
己巳 喜
喜 辛未 喜

此造天干木生火。火生土。土生金。地支水生木。木生火。火生土。土生金。且由支而生干。從地支則以年支子水生寅木爲始。至時干辛金爲終。從天干亦以年支子生甲木爲始。至時干辛金爲終。天地同流。正所謂始其所始。終其所終也。是以科甲聯登。仕至極品。夫婦齊眉。子孫繁衍。科甲不絕。壽至九旬。

喜 甲子 閒
用 丙寅 喜

春土坐亥。財官太旺。最喜獨印逢生。財藏生官。則印綬之元神愈旺。氣貫生時。而日主之氣不薄。更妙連珠生化。尤羨運途不悖。所以恩分雕錦。寵錫金蓮。地近禁城。職居清

己亥 閒 要．

閒 辛未 喜

喜 甲子 忌 己土卑薄．生於春初．寒溼之體．其氣虛弱．得甲丙並透．印正官清．聚得眞也．柱中金不

用 丙寅 喜 現而水得化．假神不亂．更喜運走東南．印旺之地．仕至尚書．有尊君芘民之德．負經邦

己丑 忌 論道之才也．

喜 甲子 喜

喜 癸巳 忌 春土虛脫．殺勢當權．財遇旺支．喜其巳亥逢冲．格成從殺．第卯酉冲殺．巳酉半會金局．

用 乙卯 喜 不作眞從而論．所以出身寒微．妙在亥中隔水．謂源濁流清．故能崛起家聲．出類拔萃

己亥 喜 早游泮水．壬子運中．連登科甲．以中書而履黃堂．擢觀察．辛亥運．金虛水實．相生不悖．

喜 癸酉 忌 仕途平坦．將來庚戌土金並旺．水木兩傷．恐不免意外風波耳．

喜 癸亥 喜
用 乙卯 喜
　 己未 喜
忌 丁卯 喜

己土生於仲春。春木當令會局時干丁火。被年上癸水剋去。未土又會木局。不得不從殺矣。科甲出身仕至觀察。

忌 癸卯 忌
忌 乙卯 忌
　 己卯 忌
用 辛未 喜

己土生於仲春。四殺當令。日元虛脫極矣。還喜濕土能生木。不愁木盛。若戊土必損傷矣。更妙未土通根有餘。足以用辛金制殺。兒能生母至癸酉年辛金得祿。中鄉榜。庚戌。出仕縣令所嫌者年干癸水生木洩金。仕路不顯。宦囊如洗為官清介人品端方。

喜 己酉 閒
用 丁卯 忌
　 己卯 忌

己卯日元。生於仲春。土虛寡信。木多金缺。陰火不能生濕土。禮義皆虛。且八字純陰。一味趨炎附勢。其衷懷損人利己之心。萌幸災樂禍之意。

忌 乙丑 閒
喜 戊辰 忌
忌 乙卯 忌
己卯 忌
用 丙辰 忌

己土生於卯月煞旺提綱乙木元神透露支類東方時干丙火生旺局中不雜金水清得盡者也若一見金不但不能剋木而金自傷觸其旺神徒與木不和爲不盡也

喜 戊戌 喜
用 丙辰 喜
己巳 喜
喜 己巳 喜

此造四柱火土全無剋洩土旺極者似金也初運南方遺業豐盈午運入泮己未棘闈拔而不售一交庚申青蚨化蝶家業漸消辛酉財若春後霜雪事業蕭條壬運剋丙不祿

用 戊午 忌

己土生於孟夏局中印星當令火旺土集又能焚木至庚子年春闈奏捷帶金之水足

忌 丁巳 忌
己卯 忌
喜 庚午 忌

以制火之烈。潤土之燥也。其不能顯秩，仕路蹭蹬者。局中無水之故也。

忌 丁丑 喜
忌 丙午 忌
己酉 喜
用 辛未 忌

此造土榮夏令。金絶火生。四柱水木全無。最喜金透通根。惜乎運走東方。生火剋金。不但功名蹭蹬。而且財源鮮聚。交辛丑運。年逢戊辰。晦火生金、食神喜劫地。秋闈得意。名利裕如。

喜 己巳 忌
閒 庚午 忌
己亥 閒
忌 丙寅 忌

己土生於仲夏。火土印綬。己本溼土。又坐下亥水。丙火透而逢生。年月又逢祿旺。此之謂熱。非燥也。寅亥化木。是火夏日可畏。兼之運走東南木地。風屬木。故患風疾。且巳亥體陰用陽。得午助。心與小腸愈旺。亥逢寅洩。庚金不能下生。腎氣愈虧。又患遺泄之症。幸善調養。而病勢無增。至乙丑運。轉北方。前病皆愈。甲子癸亥水地。老而益壯。又納妾生子發財數萬。

忌 戊辰 忌　此土金傷官辰中癸水正財歸庫申中壬水偏財逢生剋雖旺而不能奪且土氣盡歸
用 庚申 喜　於金傷官化劫暗處生財兼之獨殺爲權故爲人權謀異衆地支皆陰溼之氣作事詭
　 己卯 閑　譎多端一生所重者財而少仁義四旬無子娶兩妾又無子壽至九旬外惜財如命卒
忌 戊辰 忌　後家業四十餘萬分奪而盡細究之皆因財星過於藏蓄不得流通之故也財不流行

秋金逢土而愈堅生意遂絕耳

用 甲寅 喜　己酉日元生於仲冬甲寅官星坐祿子水財星當令財旺生官時逢印綬此爲君臣兩
喜 丙子 喜　感更妙月干丙火一透寒土向陽轉生日主君恩重矣早登科甲苑翰名高緣坐下酉
　 己酉 喜　金支得巳時之拱火生之金衛之水養之而日主之力量足以剋財故其爲官重財而
喜 己巳 喜　忘君恩矣

用 丙寅 喜
忌 庚子 忌
　 己亥 忌
喜 甲戌 喜

己木生於仲冬。寒溼之體。水冷木凋。庚金又剋木生水。似乎混濁。妙在年干透丙。一陽解凍。冬日可愛。去庚金之濁。不特己土喜其和暖。而甲木亦喜其發榮。更妙戌時燥土。砥定泛濫之水。培其凋枯之木。而日主根元亦固。況甲己爲中和之合。故處世端方。恆存古道。謙恭和厚。有古君子之風。微嫌水勢太旺。功名不過廩貢。

閒 甲子 忌
閒 乙亥 忌
　 己巳 喜
用 丁卯 喜

此造官遇長生。煞逢祿旺。巳亥雖沖。破印喜卯木仍能生火。寅運合亥。化木生印。連登甲榜。庚辰辛巳。制官化煞。朱旛皂蓋。出守大邦。名利兩優。

喜 庚辰 喜
忌 己丑 喜
　 己亥 喜

己亥日元。生於丑月。虛溼之地。辰丑蓄水藏金。庚壬透而通根。只得順其虛濕之氣。反以水爲用而從財也。初運庚寅辛卯。天干逢金生水。地支遇木剋土。蔭庇有餘。壬辰癸運。不但財業日增。抑且名列宮牆。己運。剋妻破財。此造四柱無火。得申時壬水逢生。格

用 壬申 喜 成從財。故遺業豐厚。讀書入學。妻子兩全。若一見火。爲財多身弱。一事無成。至甲午運。木無根而從火。己巳年。火土並旺。氣血必傷。患腸胃血症而亡。

閒 己丑 忌
用 丁丑 忌
己亥 忌
喜 乙丑 忌

己土生於季冬。支逢三丑。日主本旺。過於寒濕。丁火無根。不能去其寒濕之氣。乙木凋枯。置之不用。書香難就。己土屬脾。寒而且濕。故幼多瘡毒。癸酉壬申運。財雖大旺。兩脚寒濕瘡。數十年不愈。又中氣大虧。亦乙木凋枯之意也。

喜 丙戌 用
忌 辛丑 忌
己卯 閒
閒 甲子 忌

此造水冷金寒。土凍木凋。得年干透丙。一陽解凍。似乎佳美。第丙辛合而化水。以陽變陰。反增寒濕之氣。陽正之象。又爲陰邪之類。故其爲人貪婪無厭。奸謀百出。趨財奉勢。見富貴而生諂容。勢利驕矜。所謂多能之象是也。

用 丙申 忌
忌 庚寅 喜
　 庚申 忌
忌 辛巳 喜

此造天干三透庚辛。地支兩坐祿旺。丙火雖掛角得祿。無如庚辛元神透露。非火之祿支。是金之長生。用財滋煞明矣。辰運木之餘氣。芹香生色。巳運火之祿旺。科甲聯登。甲午。乙未。木火並旺。仕至藩臬。

忌 己酉 忌
用 丙寅 喜
　 庚申 忌
忌 庚辰 忌

此造以俗論之。春金失令。旺財生煞。煞坐長生。必要扶身抑煞。不知春金雖不當令。地支兩逢祿旺。又得辰時。印比幫身。弱中變旺。所謂木嫩金堅。若無丙火。則寅木難存。若無寅木。則丙火無根。必要用財滋煞。木火兩字缺一不可也。甲運入泮。子運會水生木。補廩。癸運有己土當頭無咎。亥運合寅。丙火絕處逢生。棘闈奏捷。壬戌支類西方。木火並傷。一阻雲程。刑耗並見。辛酉刦刃肆逞。不祿。

喜 壬寅 喜
喜 壬寅 喜

庚金生於孟春。四支皆寅。戊土雖生猶死。喜其兩壬透於年月。引通庚金。生扶嫩木而從財也。亦是秀氣流行。更喜運走東西。生化不悖。木亦得其敷榮。所以早登甲第。仕至

庚寅 喜 黃堂。

忌 戊寅 喜

喜 丁卯 喜

喜 壬寅 喜

庚午 喜

喜 丙戌 喜

庚生寅月。支全火局。財生煞旺。絕無一點生扶之意。月干壬水。丁壬合而化木。又從火勢。皆從煞黨。從象斯眞。中鄉榜。挑知縣。酉運丁艱。丙運仕版連登。申運。註誤落職。

閒 丙辰 喜

閒 辛卯 喜

庚申 喜

丁丑 喜

此造春金雖不當令。喜其坐祿逢印。弱中變旺。丙辛一合。丁火獨淸。不但去煞而且去刼財無刦奪。官有生扶。尤妙運走東南木火。所以早遂靑錢之選。兆人鏡之芙蓉。作秦官之桃李也。

忌 己酉 忌
用 丁卯 閒
　 庚辰 忌
閒 甲申 忌

此亦以丁火官星為用。地支亦載以卯木財星。與前造大同小異。只為卯酉逢冲。剋敗丁火之根。支中少水財星有尅無生。雖時透甲木。臨於申支謂地支不載。雖有若無。故身出舊家詩書不繼。破耗刑傷。一交戌運。支類西方貧乏不堪。

喜 己亥 喜
用 丁卯 喜
　 庚申 閒
閒 庚辰 閒

庚金雖生春令。支坐祿旺。時逢印比。足以用官。官坐財鄉。地支載以卯木財星。又得亥水生扶有情。丁火之根愈固。所謂天地順遂而精粹者昌也。歲運逢壬癸亥子。干有己印衛官。支得卯財化傷。生平履險如夷。少年科甲。仕至封疆。經云日主最宜健旺。用神不可損傷。信斯言也。

忌 癸酉 閒
忌 乙卯 忌
　 庚戌 忌

春木當權。卯酉雖冲。木旺金缺。土亦受傷。更嫌卯戌。寅戌拱合化殺。本主脾虛肺傷之疾。然竟一生無病。但酉弱卯強。妻雖不剋。而中冓難言。生二子。皆不肖。為匪類。故免其病。財亦旺也。

閑 戊寅 忌
忌 己亥 喜
閑 丁卯 喜
庚寅 喜

此造木旺乘權。又得水生。四面皆逢財殺。金衰極者。似木也。所以乙丑運中。土金暗旺。家破業盡。至甲子運。北方水旺。財源通裕。癸亥出仕。名利兩全。壬戌水臨絕地。罷職而歸。

閑 丙子 喜
閑 戊午 忌
忌 丙辰 喜
庚寅 忌

此造干透兩煞。支全殺局。所喜戊土原神透出。足以化煞。寅木本要破印。尤喜會火反培土之根源。巧借栽培。至己未運中。科甲連登。庚申辛酉。幫身有情。馳名宦海。裕後光前也。

忌 丙戌 忌
喜 庚辰 喜

天干皆庚。又坐祿旺。印星當令。剛之極矣。謂權在一人。行伍出身。壬午。癸未運。水蓋天

喜 庚辰 喜
庚申 喜
喜 庚辰 喜

干地支之火難以剋金故無害一交甲申西方金地及乙酉合化皆金仕至總兵丙運犯旺神死於軍中

喜 壬辰 喜
忌 甲辰 用
庚午 忌
忌 丙戌 忌

庚午日元生於辰月戌時春金殺旺用神在土月干甲木本是客神得兩辰蓄水藏木不但游六經而且入五臟且年干壬甲相生不剋丙火初運南方生土所以脾胃無病然熬水燥金而患弱症至戊申運土金並旺局中以木爲病木主風金能剋木接連巳酉庚戌三十載發財十餘萬辛亥運金不通根水得長生忽患風疾而卒

閒 乙巳 喜
忌 辛巳 用
庚辰 忌
喜 甲申 忌

庚金生於立夏後五日土當令火司未權庚金之生坐實且辰支申時生扶並旺身強殺淺嫌其財露無根逢劫所以出身貧寒一交丁運官星元神發露戊寅己卯兩年財星得地喜用齊來科甲聯登又入詞林書云以殺化權定顯寒門貴客此之謂也

千里命鈔 三一三

用　壬申　喜
忌　丙午　忌
　　庚午　忌
忌　丙戌　忌

此造兩煞當權臨旺。可畏也。幸賴年干壬水臨申。足以制煞。更妙無木。則水不洩火無助。申運金水得地。發軔宮牆。酉運支類西方。早充觀國之光。高預南宮之選。後運金水。體用皆宜。由署郎出爲郡守。

用　壬申　喜
忌　丙午　忌
　　庚午　忌
喜　庚辰　喜

此丙火之煞雖旺。壬水之根亦固。日主有比肩之助。濕土之生。謂身殺兩停。用壬制殺。天干之同志者地支之同志者辰土也。一制一化。可謂有情。運至金水之鄉。仕途顯赫。位至封疆。

用　壬午　忌
忌　丙午　忌

此造與前合觀。大同小異。況乎日坐祿旺。壬水亦緊制殺。何彼則名利雙收。此則終身不發。蓋彼則壬水逢申之生地。制殺有權。此則壬水坐午之絕地。敵殺無力。彼則時干

庚申 喜
戊寅 忌 閒
癸酉 閒 閒
戊午 喜 閒
庚寅 喜
丁丑 喜 用
丁卯 忌 忌
丁未 忌 忌
庚午 忌
己卯 忌 閒

比刦幫身又可生水此則時上梟印剋水而不能生食所謂左右不能同志者也

庚金生於仲夏正官得祿年時酉丑通根正得中和之氣寅午財官拱合財不壞印官能生印財官印三字生化不悖癸從戊合去其陰濁之氣所以品行端方恆存古道早游泮水訓蒙自守丁酉登科後大挑知縣不赴情願就教安貧樂道人有言其甘小就者彼曰功名者非掇巍科登高位而為功名也

此造六略觀之財生官官生印印生身似乎清美無如午未南方火烈土焦能脆金不能生金且木從火勢又壞印綬無生化之情非清枯而何更嫌運走東南明月清風誰與共高山流水少知音也

用　癸未　忌　庚金生於未月。燥土本難生金。喜其坐下子水。年透元神。謂三伏生寒。潤土養金。雖然
忌　己未　忌　土旺水衰。妙在申時拱子。有洩土生水扶身之美。更妙火不顯露。清得盡也。初交戊午
　　庚子　喜　丁巳丙運。生土熇水。功名蹭蹬。家業破耗。辰運。支全水局。舉於鄉。交乙卯制去己未之
閒　甲申　喜　土。入詞林。又掌文柄。仕路顯赫。

閒　壬戌　忌　庚金生於七月。支類土金。旺之極矣。壬水坐戌。逢戊。梟神奪盡。時透丙火。支拱寅戌。必
忌　戊申　忌　以丙火為用。惜運走四十載土金水地。所以五旬之前。一事無成。至甲寅運。剋制梟神。
　　庚寅　喜　生起丙火。及乙卯二十年。財發巨萬。所謂蒲柳望秋而凋。松柏經霜益茂也。
用　丙戌　喜

用　壬申　忌　庚金生於七月。地支三申。旺之極矣。時干甲木無根。用年干壬水。洩其剛殺之氣。所嫌
忌　戊申　忌　者月干梟神奪食。初年運走土金。刑喪早見。祖業無恆。一交辛亥運。轉北方。經營得意。
　　庚辰　喜　及壬子癸丑三十年。財發十餘萬。其幼年未嘗讀書。後竟知文墨。此亦運行水地發洩

喜 甲申 忌　菁華之意也。

忌 丙辰 喜
忌 丁酉 喜
庚午 忌
喜 戊寅 忌

此造煞逢生官得祿。喜其秋金秉令。更妙辰土洩火生金。不失中和之象。尤喜運走北方水地。庚子運冲去官根。鹿鳴方燕飲。雁塔又題名。辛丑壬寅運。橫琴而歌解慍。游刃而賦烹鮮。

喜 庚申 喜
閒 乙酉 喜
庚戌 喜
喜 庚辰 喜

此造支類西方。又逢厚土。金旺極者。似水也。初運火土。祖業無恆。至戊子運。獲厚利。納粟出仕。己丑庚運。名利皆遂。一交寅運。犯事落職。大破財。利至卯不祿。

用 壬申 閒

此造秋金秉令。木火全無。金太旺者。似火也。亥運壬水坐祿。早游泮水。壬子運。用神臨

閒　己酉　閒　旺撞破烟樓高攀月桂癸丑合去壬水旺地囊內青蚨成婕舞枝上子規月下啼甲寅

喜　庚子　喜　乙卯尚有制土衞水之功仕路清高楓葉未應毡共冷梅開早覺筆花香

閒　庚辰　喜

喜　壬寅　忌　庚日丙時支逢生旺寅納壬水不能制殺全賴酉金陽刃當權爲用隔住寅木使其不

喜　己酉　用　能會局此正刃殺神清氣勢特也早登科甲屢掌兵刑生殺之任仕至刑部尚書

忌　庚午　忌

忌　丙戌　忌

喜　庚申　喜　此造天干乙庚化合地支申酉戌全格成從革惜無水肅殺之氣太銳不但書香不利

喜　乙酉　喜　其且不能善終行伍出身官至參將一交寅運陣亡蓋局無傷食之故耳又寅戌暗拱

庚戌　喜　觸其旺神也

喜　庚辰　喜

喜 甲申 忌
用 癸酉 忌
　 庚子 喜
閒 乙酉 忌

庚生酉月，又年時申酉，秋金銳銳，喜其坐下子水，透出癸水元神，流通金性，洩其菁華，為人任大事而布置有方，處煩雜而主張不靡，且慷慨好施，克己利人也。

忌 乙卯 忌
忌 乙酉 用
　 庚寅 忌
忌 壬午 忌

秋金乘令，財官並旺，食神吐秀，大象觀之，富貴之命，第財星太重，官星拱局，日主反弱，不任其財官，全賴劫刃扶身，被卯冲午剋，時干壬水，不能剋火，反洩日元之氣，則財星不眞矣，初運甲申祿旺，早年入泮，其後運走南方，貧乏不堪。

用 丁未 忌
閒 庚戌 忌

此以丁火為源頭，生土，土生金，官坐財庫，身旺用官，中年行運不背，所以早登鄉榜，名利雙輝，為人有剛明決斷之才，無刻薄欺瞞之意，惜乎無木火之元神不足，孫枝雖旺，子息未免有損之憂。

庚辰 忌
閒 丙子 閒
喜 戊申 喜
閒 壬戌 喜

此造乙從庚化，官星不見，支類西方，又坐祿旺，權在一人，從其強勢，雖有壬水戊土緊剋，不能引通洩其殺氣，初交癸亥甲子，順其氣勢，財喜如心，一交丙寅，觸其旺神，一敗如灰，衣食難度，自縊而死，所謂洩之有益，傷之有害也。

庚申 喜
喜 乙酉 喜
忌 戊子 喜
閒 壬戌 忌

庚金生於戌月，印星當令，金亦有氣，用神在水，不在火也，至庚申流年，壬水逢生，又洩土氣，北闈奏捷，所嫌者，戊土元神透露，不利春闈，兼之中運木火，財多破耗。

庚寅 喜
用 癸未 忌

喜　己亥　忌
閒　甲戌　用
　　庚子　忌
忌　丙子　忌

庚金生於戌月。地支兩子一亥。干透丙火剋洩交加。喜其印旺月提。雖嫌甲木生火剋土。得甲已合而化土。清得盡也。至己巳流年。印星有助。冲去亥水甲木。長生。名題雁塔。

用　丙申　閒
閒　己亥　閒
　　庚辰　閒
閒　戊寅　喜

此寒金喜火。得時支寅木之生。則火有焰。然用財殺。必先身旺。妙在年支坐祿。三印貼生。更妙亥水當權。申金貪生忘冲。無火則土凍金寒。無木則水旺火虛。以火為用。以木為喜。木火兩字缺一不可。所以生平無凶無險。登科發甲。宦海無波。後嗣繼美。壽至八旬之外。

忌　庚辰　忌
喜　丁亥　閒
　　庚辰　忌

庚辰日元。生於亥月。天干丁火並透。辰亥皆藏甲乙。足以用火。初運戊子己丑。晦火生金。未遂所願。庚運丙午年。庚坐寅支截脚。天干兩丁足可敵一庚。又逢丙午年。剋盡庚金。是年登第。丁未又連捷。榜下知縣。寅運宦資頗豐。辛卯截脚。局中丁火回剋。仕至郡

用 丁丑 忌　守壬辰水坐庫根至壬申年兩丁皆傷不祿

喜 癸酉 喜
喜 癸亥 喜
　 庚申 喜
忌 丁亥 喜

庚金生於孟冬水勢當權金逢祿旺時干丁火無根局中氣勢金水亦從金水而論丁反爲病初交壬運去其丁火其樂自如戌運入泮而喪服重重因戌土之制水也辛酉庚申登科發甲出仕琴堂己未運轉南方火土齊來詿誤落職戊午更多破耗而亡

用 乙未 喜
忌 戊子 忌
　 庚辰 忌
喜 丁丑 忌

庚辰日元生於子月未土穿破子水天干木火皆得辰未之餘氣足以用木生火丙運入泮癸酉年行乙運癸合戊化火酉是丁火長生故以此年必中殊不知乙酉截脚之木非木也實金也癸酉年水逢金生又在冬令焉能合戊化火必剋丁火無疑酉中純金乃火之死地陰火長生之說俗傳之謬也恐至八月月建又辛酉局中木火皆傷防生不測之災竟卒於省中

心一堂術數古籍珍本叢刊　星命類　三二二

閒 丁亥 忌
閒 壬子 忌
庚子 忌
喜 辛巳 用

庚金生於仲冬。傷官太旺。過於洩氣。用神在土。不在火也。柱中之火。不過取其暖局耳。四柱無土。取巳中藏戊。水旺剋火。火能變土。亦是元機暗裏存也。至戊運丙辰年。火土相生。巳中元神並發。亦居鼎右。

喜 甲申 忌
用 丙子 忌
庚辰 忌
喜 戊寅 喜

此寒金冷水。木凋土寒。若非寅時。則年月木火無根。不能作用矣。所謂寒雖甚要暖有氣也。由此論之。所重者寅也。地氣上升。木火絕處逢生。一陽解凍。然不動丙火亦不發。妙在寅申遙冲。謂之動。動則生火矣。大凡四柱緊冲為剋。遙冲為動。更喜運走東南。科甲出身。仕至黃堂。所謂得氣之寒。遇暖而發。此之謂也。

閒 己酉 喜
忌 丙子 喜
庚辰 喜

此亦寒金冷水。土凍木凋。與前大同小異。前則有寅木火有根。此則無寅木火臨絕。所謂寒甚而暖無氣。反以無暖為美。所以初運乙亥。北方水地。有喜無憂。甲戌暗藏丁火。為丙火之根。刑喪破耗。癸酉運剋去丙火。食廩。壬申。財業日增。辛未運轉南方。丙火得

千里命鈔　卷三　三一二

忌 甲申 喜　地生根破耗多端庚午運逢寅年木火齊來不祿

忌 壬戌 用　此金火傷官當令喜支藏暖土足以砥定中流因時財為病兼之初運水木以致書香
忌 壬子 忌　不繼至三旬外運逢火土異路出身仕至州牧午運衰神冲旺臺省幾時無謫宦郊亭
　 庚辰 閒　今日倍離愁
閒 己卯 忌

用 己亥 忌　庚金生於仲冬地支兩子一亥干透丙火剋洩並見喜其己土透露洩火生金五行無
喜 丙子 忌　木清得盡也至己巳年印星得助名高翰苑所不足者印不當令又己土遙列其虛故
　 庚子 忌　降任知縣
喜 辛巳 喜

喜 壬申 喜　庚生仲冬天干兩透壬水支會水局金衰水旺本屬偏象更嫌時透丙火混局金主義

喜 壬子 喜 而方水司智而圓金多水少智圓行方水泛金衰方正之氣絕圓智之心盛矣中年運
庚辰 喜 逢火土沖激壬水之性刑傷破耗財散人離半身奸詐誘人財物盡付東流凡人窮達
忌 丙子 喜 貧富數已注定君子樂得為君子小人枉自為小人

喜 甲子 忌 庚金生於仲冬金水寒冷月干丙火得年干甲木生扶解其寒凍之氣謂冬金得火但
喜 丙子 忌 子辰雙拱日元必虛用神不在丙火而在辰土比肩佐之所以運至庚辰辛巳仕版連
庚辰 喜 登
喜 庚辰 用

閒 丁未 喜 此造如以水勢論之生於仲冬水旺所喜者支中重重燥土足以去其濕子未相剋使
閒 壬子 閒 子不能助壬丁壬一合使壬不能剋丙中運土金入部轉事運籌挫折境遇違心丁未
庚戌 喜 南方火旺議敘出仕至丙午二十年得奇遇仕至州牧
用 丙戌 喜

忌 甲戌 忌　庚金生於子月。丙火並透。地支兩戌燥土。乃丙之庫根。又得甲木生丙。過於熱也。運至
忌 丙子 用　戊寅。己卯。而患痰火之症、庚辰比肩幫身。支逢濕土。其病勿藥而愈。加捐出仕。辛巳。長
庚子 喜　生之地。名利兩全。其不用火者。身衰之故也。
忌 丙戌 忌

閒 丁未 閒　寒金喜火。嫌其支全亥子丑。北方水旺。又月干癸剋丁。丑未冲去丁火餘氣。五行無木。
忌 癸丑 忌　未得生化之情。時干之丁。虛脫無根。焉能管伏庚金。而日主之情。不顧丁火可知。所以
庚子 忌　水性楊花也。
閒 丁亥 忌

閒 丁丑 忌　庚金生於季冬。不但寒金喜火。且時逢陽刃。印綬當權。足以用火敵寒。月干癸水。通根
忌 癸丑 忌　祿支。剋絕丁火。其意足以欺官。時逢乙木。喜而合之。其情必向財矣。所以背夫而去。淫

庚子 忌

閒 乙酉 喜

穢不堪也。

忌 癸卯 喜

喜 乙丑 喜

庚申 喜

用 丁丑 喜

此造寒金坐祿。印綬當權。足以用火敵寒。所忌者年干癸水。剋丁為病。全賴月干乙木通根。洩水生火。此喜神卽是財星也。更喜財星逢合。謂財來就我。其妻賢淑勤能。生三子。皆就書香。

用 丙子 喜

閒 庚寅 喜

辛巳 喜

喜 戊子 喜

辛金生於寅月。財旺逢食。官透遇財。又逢刦印相扶。中和純粹。精神兩足。初看似乎身弱。細究之木嫩火虛。印透通根。日元足以用官。中年南方火運。異路出身。仕至黃堂。

喜　甲午　忌
喜　丙寅　喜
　　辛酉　喜
用　己丑　喜

此造財臨旺地。官遇長生。日主坐祿。印綬通根。天干四字。地支皆臨祿旺。五行無水。清而純粹。春金雖弱。喜其時印通根。得用庚運。幫身。癸酉年登科。午運殺旺。病晦刑喪。辛運。己卯年。發甲入詞林。後運金水幫身。仕路未可限量也。

閒　戊辰　閒
忌　乙卯　忌
　　辛丑　閒
忌　丁酉　喜

此春金氣弱。時殺緊剋。年逢印綬。遠隔不通。又被旺木剋土壞印。不但戊土不能生化。卽日支之丑土。亦被卯木所壞。此局內無可通之理。中運南方殺地。碌碌風霜奔馳。未遇。交庚申。剋去木神。得奇遇。分發陝西。屢得軍功。及辛酉二十年。仕至副尹。蓋金能剋木。幫身。印可化殺而通關也。

閒　辛卯　忌
閒　辛卯　忌
　　辛卯　忌

此造四木當權。四金臨絕。雖曰反剋。地支實無力剋也。如果能剋。可用財矣。若能用財。豈無成立乎。彼出母腹。數年間父母俱亡。與道士為徒。己丑戊子運。印綬生扶。衣食無虧。一交丁亥。生木剋金。卽亡。其師所有微業。嫖賭掃盡而死。

閒 辛卯 忌
閒 己巳 忌
忌 丁卯 忌
辛卯 忌
忌 乙未 閒

春金虛弱。木火當權。年卯月殺。未得相通。時支未土又會卯化木。只有生殺之情。而無輔主之意。兼之一路運途無金。一派水木。仍滋殺之根源。以致破敗祖業。一事無成。至亥運會木生殺而亡。

忌 戊戌 忌
閒 丙辰 忌
辛丑 忌
忌 戊戌 忌

辛金生於季春。四柱皆土。丙火官星。元神洩盡。土重金埋。母多滅子。初運火土。刑喪破敗。蕩焉無存。一交庚申。助起日元。順母之性。大得際遇。及辛酉拱合辰丑。捐納出仕。壬戌運。土又得地。註誤落職。

忌 己巳 忌

辛生辰月。土雖重疊。春土究屬氣闢而鬆。土有餘氣。亥中甲木逢生。辰酉轉展相生。反

忌 戊辰 忌　助木之根源。遙冲巳火。使其不生戊己之土。亦君賴臣生也。其不就書香者。木之元神
辛酉 喜　不透也。然喜生化不悖。又運走東北之地。故能武職超羣。
忌 巳亥 用

閒 壬辰 忌　辛金生於季春。支逢辰酉。干透壬丁。似乎佳美。不知地支濕土逢金。丁火虛脫無根。甲
閒 甲辰 忌　木雖能生火。地支辰酉化金。亦自顧不暇。捐納部屬。不但財多破耗。而且不能得缺。雖
辛酉 忌　壬水生甲。遺業十餘萬。但運走土金。未免家業退而子息艱也
閒 丁酉 忌

忌 己丑 忌　此重重厚土。埋藏脆嫩之金。五行無木。未得疏揚之利。一點亥水剋絕。支藏甲乙。無從
忌 戊辰 用　引助。然春土氣虛。藏財可用。初運東方木地。庇蔭有餘。寅運得一子。乙丑運土又通根
辛亥 喜　而夭。
忌 戊戌 忌

忌 丁卯 忌　此春暮逢火，理宜用印化煞。財星壞印，癸水剋丁，亥水冲巳，似乎制煞有情，不知春水休囚，木火並旺，不但不能剋火，反去生木洩金。財官本可榮身，而日主不能勝任，雖心志必欲求之，亦何益哉？出身本屬微賤，初習梨園，後因失音隨宦，人極伶俐，且極會趨逢。隨仕數年，發財背主，竟捐納從九品出仕，作威作福，無所不爲。後因犯事革職，依然落魄。

忌 甲辰 閒

閒 辛亥 閒

閒 癸巳 忌

閒 庚申 閒　庚辛壬癸，金水雙清，地支申酉巳午，煅煉有功，謂午火眞神得用，理應名利雙輝。所惜者五行無木，金雖失令而黨多，火雖當令而無輔，更嫌壬癸覆之，緊貼庚辛之生，而申中又得長生，則壬水愈肆逞矣。雖有巳火助午，無如巳酉拱金，則午火之勢必孤，所以申酉兩運，破耗異常。丙戌運中，助起用神，大得際遇。一交亥運，壬水得祿，壬水臨旺，火氣剋盡，家破身亡。

忌 壬午 用

閒 辛酉 閒

忌 癸巳 閒

喜 庚申 喜
喜 壬午 用
 辛酉 喜
喜 甲午 喜

此亦用午中丁火之殺。壬水亦覆之於上。亦有庚辛金緊貼之生。所喜者午時一助。更妙天干覆以甲木。則火之蔭蔵。且壬水見甲木而貪生。不來敵火。四柱有相生之誼。無爭剋之風。中鄉榜。仕至觀察。與前造只換得先後一時。天淵之隔。所謂毫釐千里之差也。

忌 己卯 喜
忌 庚午 喜
 辛卯 喜
喜 甲午 喜

辛金生於仲夏。地支皆逢財殺。金太衰者。似土也。初運己巳戊辰。晦火生金。求名多滯。作事少成。一交丁卯。木火並旺。如枯苗得雨。悖然而興。鴻毛遇風。飄然而起。家業豐裕。交丑生金洩水不祿。

忌 戊子 喜
忌 己未 忌
 辛亥 用

辛金生於季夏。局中雖多燥土。妙在坐下亥水。年時逢子。潤土養金。以亥邀未拱木為用。至丁卯年。全會木局。有病得藥。棘闈奏捷。

忌	戊子	喜
用	壬辰	喜
忌	己酉	閒
	辛丑	閒
喜	癸巳	閒

辛金生於仲秋支全金局五行無木火已成金必無用官之理喜其壬癸並透洩其精英為人聰明端謹頗知詩禮所惜者十九歲運走丁未南方火旺生土而遏水流年庚戌支全剋水無子而夭

忌	戊辰	忌
閒	壬戌	忌
	辛未	忌
忌	己丑	忌
忌	丙戌	忌

此滿局印綬土重金埋壬水用神傷盡未辰雖藏乙木無冲或可借用以待運來引出乃被丑戌冲破藏金暗用斫伐以致剋妻無子由此論之四庫必要冲者執一之論也全在天干調劑得宜更須用神有力歲運扶助庶無偏枯之病也

此與前只換一戌字因初運己亥庚子辛丑金水潤土養金出身富貴辛運加捐一交

忌戊戌忌
辛丑忌
忌戊戌忌

壬寅。水木齊來。犯母之性。彼以土重逢木必佳。強爲出仕。犯事落職。

喜庚寅忌
忌丙戌喜
辛亥忌
用辛卯忌

辛金生於戌月。印星當令。又寅拱丙生。天干比劫。不能下生亥水。又亥卯拱木。四柱皆成財官。二妻四妾生三子皆剋。生十二女又剋其九。還喜秋金有氣。家業豐隆。

喜壬寅喜
閒辛亥喜
辛亥喜
用壬辰喜

辛金生於孟冬。壬水當權。財逢生旺。金水兩涵。格取從兒。讀書一目數行。至甲寅運。登科發甲。乙卯運。由署郎出守黃堂。丙辰官印齊來。又逢丙戌年。冲動印綬。破其傷官。不祿。

用 壬子 喜

閒 辛亥 喜

辛卯 喜

閒 辛卯 喜

辛金生於孟冬。水勢當權。雖天干三透辛金。而地支臨絕。格取從兒。讀書過目成誦。早年入泮。甲寅拔貢出仕縣宰。乙卯運。仕路順遂。丙辰。註誤。至戌年。旺土剋水而歿。

忌 丁亥 忌

閒 辛亥 忌

辛未 喜

忌 壬辰 用

辛金生於孟冬。丁火剋去比肩。日主孤立無助。傷官透而當令。竊去命主元神。用神在土。不在火也。未爲木之庫根。辰乃木之餘氣。皆藏乙木之忌。年月兩亥。又是木之生地。亥未拱木。此忌神入五臟歸六腑。由此論之。謂脾虛腎泄。其病患頭眩遺洩、又更甚於胃脘痛。無十日之安。至己酉運。日主逢祿。采芹得子。戊運。剋去壬水。補廩。申運。壬水逢生。病勢愈重。丁運。日主受傷而卒。

用 壬申 忌

忌 辛亥 喜

此金水傷官。四柱比劫。雖用寅木之財。却喜亥水洩金生木。使比劫無爭奪之風。又得亥解申冲。若無亥水。一生起倒無寧。終成畫餅。亥水者。生財之福神也。交甲寅乙卯。白

辛酉 忌　手成家致富。後行火運。戰剋不靜。財星洩氣。無甚生色。至巳運四冲。剋又逢生。不祿。
忌 庚寅 喜

閒 丙子 忌　此造以俗論之。寒金喜火。金水傷官喜見官。且日主專祿。必用丙火無疑。不知水勢猖
閒 己亥 忌　狂。竊去命主元神。不但不能用官。即或用官。而丙火全無根氣。必須用己土之印。使其
閒 辛酉 喜　止水生金。衞火。己入亥宮臨絕。欲使丙火生土。而丙火先受水剋。焉能生土。所以己土
閒 己亥 忌　反被水傷。眞神無情。假神虛脫。初運庚子辛丑。比刦幫身。蔭庇之餘。衣食頗豐。壬運丁
艱。一交寅運。東方木地。虛土受傷。破蕩祖業。刑妻剋子。出外不知所終。

忌 辛丑 忌　支全丑亥酉。月干溼土。逢辛癸陰濁之氣。時支巳火。本可煖局。不知巳酉丑金局。則亥
忌 己亥 喜　中甲木受傷。巳火丑土之財官。竟化梟而生刦矣。（上二句或有誤。應曰巳內官印。竟
辛酉 忌　化刦矣。）縱運行火土。不能援引。出家爲僧。
用 癸巳 忌

喜　癸酉　喜
忌　甲子　喜
　　庚辰　喜
忌　甲申　喜

庚辰日元。支逢祿旺。水本當權。又會水局。天干枯木無根。置之不論。賣金水二人同心。必須順其金水之性。故癸亥壬運。蔭庇有餘。戊運制水。還喜申酉戌全。雖見刑喪而無大患。辛運入泮。酉運補廩。庚運登科。申運大旺財源。一交己未運。轉南方。刑妻剋子。家業漸消。戊午觸水之性。家業破盡而亡。

忌　壬辰　忌
忌　壬子　忌
　　辛酉　喜
用　己丑　喜

辛金生於仲冬。金水傷官局中全無火氣。金寒水冷。土溼而凍。初患冷嗽。然傷官佩印。格局純清。讀書過目成誦。早年入泮。甲寅乙卯洩水之氣。家業大增。至丙辰運。水火相剋而得疾。丙寅年火愈旺。水愈激。竟成弱症而亡。

忌　丁丑　閒
忌　壬子　閒

壬水合去丁火之殺。丙火官星得祿於日主。似乎佳美。所以出身舊家。十八于歸為士人妻。逾年夫以癆瘵死。從此淫穢不堪。身敗名裂。無所依託。自縊而死。此造因多合之

辛巳　忌
用　丙申　忌

意中人也。

故耳。夫十干之合。惟丙辛合。以官化傷官、謂貪合忘官。且巳申合。亦化傷官。丁壬合。則暗化財星。其意中將丙火置之度外。明矣。其情必向丁壬一邊。況干支皆合。無往不是意中人也。

閒　丁巳　喜
閒　壬子　忌
辛巳　喜
喜　丁酉　用

辛金生於仲冬。金寒水冷。過於洩氣。全賴酉時扶身。巳酉拱而佐之。天干丁火。不過取其敵寒解凍。非用丁火也。用神必在酉金。故運至土金之地。仕路顯赫。一交丁未。敗事矣。凡冬金喜火。取其暖局之意。非作用神也。

喜　己丑　閒
喜　丙子　閒
辛酉　喜
用　壬辰　閒

金水傷官。丙火透露。去其寒凝。故無冷嗽之病。癸酉。入學補廩。而舉於鄉。或問金水傷官喜見官星。何以癸酉金水之運而得功名。不知金水傷官喜火。不過要其暖局。非取以爲用也。取火爲用者。十無一二。取水爲用者。十有八九。取火者。必要木火齊來。又要日元旺相。此造日元雖旺。局中少木。虛火無根。必以水爲用神也。壬申運由教習得知縣。辛未運。丁丑年。火土並旺。合去壬水。子水亦傷。得疾而亡。

喜 壬午 忌
喜 壬寅 忌
　 壬戌 忌
用 庚戌 忌

壬水生於孟春。支全火局。雖年月兩透比肩。皆屬無根。天干坎衰。地支離旺。用庚金以降之也。惜乎運途東南。在外奔馳四十年。一無成就。至五旬外。交戊申庚逢生旺。得際遇。發財巨萬。娶妻生三子。年已六旬矣。至戌運而終。

忌 壬申 忌
忌 壬寅 閒
　 壬申 忌
忌 辛丑 忌

天干三壬。地支兩申。春初木嫩。難當兩申夾冲。五行無火。少制化之情。更嫌丑時溼土生金。為氣濁神枯之象。初運癸卯甲辰。助其木之不足。蔭庇有餘。乙巳刑冲並見。刑喪破敗。丙午羣比爭財。天干無木之化。家破身亡。

忌 壬申 忌

壬水生於寅月。年月兩透比肩。坐申逢生。水勢通源。且春初木嫩。逢冲。似乎不美。喜其

忌 壬寅 喜 坐下午火。解春寒木得發生。金亦有制。更妙時干甲木。元神發露。天干之水。亦有所
壬午 喜 歸。運行火地。有生化之情。無爭戰之患矣。是以棘闈奏捷。出宰名區。至申運兩冲寅木。
用 甲辰 忌 不祿。

用 丙寅 喜 壬水生於孟春。木當令。而火逢生。一點庚金臨絕。丙火力能煆之。從財格眞。水生木。木
忌 庚寅 喜 生火。秀氣流行。登科發甲。仕至侍郎。
壬午 喜
喜 乙巳 喜

閒 戊申 閒 壬水生於孟春。土虛木盛。制煞太過。寅申逢冲。本是剋木。不知木旺金缺。金反被傷。則
忌 甲寅 忌 戊土無根依託。而日主之壬水。可任性而行。見財星有勢。自然從財而去。以致傷夫敗
壬寅 忌 業。棄子從人也。
忌 丁未 閒

閒 乙酉 喜
喜 戊寅 忌
　 壬午 忌
用 庚戌 忌

壬水生於立春後二十二日。正當甲木眞神司令。而天干土金並透。地支通根戌酉。此謂眞神失勢。假神得局。用以庚金化殺。法當以假作眞。純粹可觀。雖嫌支全火局。剋金灼水。喜其火不透干。又得戊土生化。更妙運走西北。所以早登雲路。甲第蜚聲。仕至封疆。總嫌火局爲病。仕路未免起倒耳。

忌 庚申 忌
忌 戊寅 喜
　 壬子 喜
用 甲辰 喜

此造日臨旺地。會局幫身。不當以弱論。喜其時干甲木眞神發露。所嫌者年遇庚申剋甲冲寅。又逢戊土之助。謂假神亂眞。雖然早芹采香。屢困秋闈。至壬午運。制化庚金。秋桂高攀。加捐縣令。申運冲寅。假神得助。不祿。

喜 辛未 忌
喜 辛卯 忌

壬水生於卯月。水木傷官。天干兩辛。支逢辰酉。益水之源。官之根固。傷之蔭洩。必以己土官星爲用。己丑運。采芹食廩。戊子雖然蹭蹬秋闈。而家業日增。丁運。亦無大患。至亥

壬辰 閒 運全會木局傷官肆逞刑耗並見而亡

用 己酉 喜

喜 庚午 喜 壬水生於卯月水木傷官專其官印通根年支逢財傷官有制有化日元生旺足以用

喜 己卯 忌 官己運官星臨旺采泮水之芹折蟾宮之桂壬午癸未南方火地出宰名區薦遷州牧

壬申 喜 甲申乙酉金得地木臨強雖退穩而安享琴書其樂自如也

用 己酉 喜

忌 庚辰 忌 壬水生於卯月正水木傷官格天干己土臨絕地支卯辰乃木之餘氣一生金一拱水

閒 己卯 用 又透兩庚不但辰土不能制水反生金助水必以卯木為用一神得用此象匪輕初運

壬辰 忌 庚辰辛巳金之旺地功名不遂至壬午運生木制金名題雁塔癸未生拱木神甲申支

忌 庚子 喜 全水局木逢生助仕版連登由令尹而升司馬洊至黃堂擢觀察而履藩臬八座封疆

一交酉冲破卯木註誤落職所謂用神不可損傷信斯言也

閒 己卯 喜
喜 丁卯 喜
壬午 喜
喜 甲辰 喜

壬水生於仲春，化象斯眞，最喜甲木元神透露，化氣有餘，餘則宜洩，斯化神吐秀，喜其坐下午，午生辰土，秀氣流行，少年科甲，翰苑名高，惜乎中運水旺之地，未能顯秩，終於縣宰。

閒 己卯 喜
喜 丁卯 喜
壬午 喜
忌 癸卯 喜

此與前造只換一卯字，化象更眞，化神更有餘，嫌其時干癸水，比刦爭財，年干己土，遠隔無根，不能去其癸水，午火未能流行，此癸水眞乃奪標之客也，雖中鄉榜，不能出仕。

閒 癸亥 忌
喜 乙卯 喜

水木傷官，日坐長生，年支祿旺，日主不弱，足以用巳火之財，嫌其中運金水，半生碌碌，風霜起倒萬狀，至戊運緊制亥水之刦，合起卯木化財，驟然發財數萬，至酉沖破傷官，

壬申　閒　生助刦印。不祿。

喜　乙巳　用

喜　甲辰　閒　壬水生於仲春。時逢祿印。而化神當令。又年干元神透出。時干辛金。無根臨絕。丁火合

喜　丁卯　喜　神。足以剋之。辛金不能生水。則亥水非壬之祿旺。乃甲之長生。日干不得不從而化矣。

壬辰　閒　運走南方火地。采芹食廩。戰勝棘闈。至壬申癸酉。金水破局。不但不能出仕。且刑傷破

忌　辛亥　閒　耗。

閒　壬申　忌　壬水生於季春。似乎殺印相生。地支三遇長生。食神制殺爲權。定爲貴格。不知育土氣

忌　甲辰　閒　虛。月透甲木。不但辰土受制。而時干之戊。亦受其剋。五行無火。未得生生之妙。亦母多

壬申　忌　子病。偏枯之象。必然難養也。後死於痘症。

閒　戊申　忌

喜 甲寅 喜
閒 戊辰 閒
　 壬辰 閒
喜 壬寅 喜

此造五煞逢五制，土雖當權，木亦雄壯，幸日主兩坐庫根，又得比肩幫扶，至壬申運，日主逢生，冲去寅木，名登桂籍，雁塔高標，接連癸酉二十年，由縣令履黃堂，名利裕如。

喜 癸亥 喜
忌 戊午 忌
　 壬午 忌
忌 己酉 喜

此造旺煞逢財，喜其合也，妙在癸水臨旺，合而不化，則有情，戊土不抗壬水也，合而化，則無情，化火乃生土也，由此以推，運走東方木地，早遂青雲之志，運走北方水地，去財護印，翔步天衢，置身日舍也。

用 壬子 喜
忌 丙午 忌
　 壬子 喜

此造水火交戰於天干，火當令，水休囚，喜其無土，日主不剋，初交丁未年，逢戊午，天剋地冲，財殺兩旺，父母雙亡，流爲乞丐，交申運，逢際遇，己酉運，發財數萬，娶妻生子成家。

忌 丙午 忌

忌 戊辰 喜
忌 戊午 忌
忌 壬辰 喜
用 甲辰 喜

此造四柱皆煞，喜支坐三辰，通根身庫，妙在無金，時透食神制煞，辰乃木之餘氣，正謂一將當關，羣凶自伏，至癸亥運，食神逢生，日主得祿，科甲聯登，甲運仕縣令，子運衰神冲旺不祿。

忌 癸丑 喜
忌 戊午 忌
忌 壬寅 忌
喜 庚戌 忌

壬寅日元，生於五月戌時，殺旺又逢財局，殺愈肆逞，所以客神不在午火，反在寅木，助其火勢，客神又化忌神，戊癸化火，則金水相傷，運至乙卯，金水臨絕，得肺腎兩虧之症，聾啞而嗽，於甲戌年正月，木火并旺而卒。

喜 癸卯 喜

此造丙火當權，戊癸從化，煏乾壬水，水衰極者，似火也，初運逢火，從其火旺，豐衣足食，

喜 戊午 喜
　 壬寅 喜
喜 丙午 喜

乙卯.甲寅.名利雙全.癸丑爭官奪財.破耗而亡.

閒 己酉 喜
用 辛未 閒
　 壬寅 忌
喜 壬寅 忌

此以未土爲源頭.生辛金.辛金生壬水.壬水生寅木.四柱生化有情.元神厚而純粹.所忌者火.喜其包藏不露.早登科甲.仕至三品.爲人品行端方.謙和仁厚.八子十九孫.壽至九旬有六.

忌 己巳 喜
忌 辛未 喜
　 壬午 喜
喜 乙巳 喜

支類南方.乘權秉令.地旺極矣.火炎土燥.脆金難滋.水源天衰極矣.故日干之情不在辛金.其意向必在午中丁火而合從矣.己巳戊辰運.生金洩火.刑耗有之.丁卯丙寅木火並旺.剋盡辛金.經營發財鉅萬.

喜 己卯 喜　壬水生於季夏支類南方財從官勢乙卯之傷官亦從財而不壞官局中官星當令格
忌 辛未 喜　取從官月干辛金透而無根故爲假從生員出身丁卯丙寅運生助財官剋盡辛金仕
壬午 喜　至封疆
喜 乙巳 喜

忌 丙辰 喜　壬水生於季夏休囚之地喜其三逢辰支通根身庫辰土能蓄水養木甲乙並透通根
用 乙未 忌　制土兒能救母微嫌丙火洩木生土功名下過一衿妙在中晚運走東北水木之地捐
壬辰 喜　納出仕位至臬藩富有百餘萬
喜 甲辰 喜

喜 丙辰 閒　此火土當權又逢木助五行無金水太衰者似金也初交丙申丁酉蓋頭是火使申酉
喜 乙未 喜　不能生水財喜並旺戊戌運中家業饒裕己亥土無根還喜支會木局雖有破耗而無

壬午 喜

忌 癸卯 喜

大患。一交庚子。家破人亡。

忌 戊午 忌

忌 己未 忌

壬申 喜

用 辛亥 喜

此造官煞並旺當令。幸日坐長生。時逢祿旺。足以敵官擋煞。坐下印綬。引通財殺之氣。運走西北金水之鄉。所以少年科甲。裕經綸於管庫。人推黻黼之功。秉撫字於催科。世讓文章之煥。

忌 戊子 喜

忌 庚申 忌

壬寅 用

忌 辛丑 忌

壬寅日元。生於孟秋。秋水通源。重重印綬。戊丑之土。能生金不能制水。置之不用。只得順水之性。以寅木為用。至癸運洩金生木。入泮。亥運支類北方。去其丑土淫滯之病。又生合寅木。科甲連登。名高翰苑。所嫌者寅申逢冲。秀氣有傷。降知縣。甲子水木齊來。仕路平安。乙運合庚助虐。罷職回家。丑運生金不祿。

閑 戊申 忌
忌 庚申 忌
　 壬申 忌
閑 甲辰 喜

此造大象觀之，殺生印，印生身，食神清透，連珠相生，清而純粹，學問過人，品行端方，惜乎無火，清而少神，用土則金多氣洩，用木則金銳木凋，兼之運走西北金水之地，讀書六十年，不克博一衿，家貧出就外傳四十年，來受業者登科發甲，自己不獲一衿，莫非命也。

喜 癸亥 喜
閑 庚申 閑
　 壬申 閑
用 甲辰 喜

壬申日元，生於亥年申月，亥爲天門，申爲天關，卽天河之口，正西方之水，發源最長，所喜者時干甲木，得辰土通根，養木足以納水，則智之性行，而爲仁禮亦備矣，爲人有驚奇之品，稟無巧利之才，華中年南方火運，得甲木生化，名利兩全。

喜 癸亥 喜
喜 庚申 喜
　 壬子 喜

壬子日元，生於申月亥年，西方之水，浩蕩之勢，無歸納之處，時逢丙午，冲激以逆其性，爲人強拗無禮，兼之運走南方火土，家業破敗無存，至午運強人妻，被人毆死，俗以丙火爲用，運逢火土爲佳，不知金水同心，可順不可逆，須逢木運，生化有情，可免凶災而

忌 丙午 忌　人亦知禮矣

閒 壬申 忌
閒 戊申 忌
　 壬申 忌
閒 戊申 忌

壬水生於秋令。地支皆坐長生。天干兩戊兩壬。大勢觀之。支全一氣。兩干不雜。且殺印相生。爲大貴之格。不知金多水濁。母多子病。四柱無火剋金。金反不能生水。戊土之精華。盡洩於金。謂偏枯之象。必然難養。名利皆虛。果死於三歲甲戌年。

閒 己亥 忌
忌 癸酉 忌
　 壬申 忌
閒 戊申 忌

此造官殺並透無根。金水太旺。喜其運走南方火土。精足神旺。至未運。早游泮水。午運。科甲連登。己巳戊辰。仕路光亨。實運之美也。

忌 己巳 忌

秋水通源。印星當令。官煞雖旺。制化合宜。更妙時透甲木。制殺吐秀。一派純粹之氣。所

喜 癸酉 喜
壬辰 忌
用 甲辰 忌

以人品端莊。精於詩書。喜運途無火。官不助。印不傷。夫星貴顯。子嗣秀美。誥封二品之榮。

忌 戊午 忌
喜 壬戌 用
壬子 喜
喜 乙巳 忌

壬水生於戌月。水進氣而得坐下陽刃幫身。年干乙殺。比肩擋之。謂身殺兩停。其病在午。子水冲之。又嫌在巳。子水隔之。使其不能生殺。且戌中辛金暗藏為用。同胞雙生。皆中進士。

閒 癸巳 忌
閒 壬戌 忌
壬午 忌
閒 壬寅 忌

壬午日元。生於戌月。支會火局。年支坐巳。天干皆坎。地支皆離。必須金運以解之也。初交辛酉庚申。正得成其既濟。解其財殺之勢。叨化日之光。豐衣足食。一交己未。刑耗異常。戊午財殺並旺。出外遇盜喪身。

喜 癸未 忌
喜 癸亥 喜
喜 壬子 喜
忌 戊申 喜

壬子日元生於亥月申時。年月兩透癸水。只可順其勢。不可逆其流。所嫌未戊兩字。激水之性。故其爲人是非顛倒。作事不端。無所忌憚。初運壬戌。支逢土旺。父母皆亡。辛酉。庚申。洩土生水。雖無賴邪僻之行。倖免凶咎。一交己未。助土激水。一家五口。回祿燒死。

喜 癸亥 喜
喜 癸亥 喜
壬子 喜
喜 庚子 喜

此造四柱皆水。一無剋洩。其勢冲奔。不可遏也。初運壬戌。支逢土旺。早見刑喪。辛酉。庚申。干支皆金。所謂月印千江。銀作浪。門臨五福。錦鋪花。交己未。妻子皆喪。家業破盡。戊午運。貧乏不堪。憂鬱而卒。

喜 壬寅 用
喜 辛亥 喜

此造壬水生於孟冬。支類北方。干皆金水。水太旺者。似土也。喜其寅木吐秀。至甲寅運。早遂青雲之志。可謂才藻翩翩。輝映杏壇桃李。文思奕奕。光騰藥籠參苓。乙卯運。宦途

壬子　喜　順利交丙而亡。
喜　辛丑　喜
閒　戊子　喜　壬水生於孟冬。喜其無金。食神獨透。所以書香小就。甲寅入泮。有十子皆育。其不刑妻
閒　癸亥　喜　者。無財之妙也。秋闈不利者。支無寅卯也。此造如戊土換之以木。青雲得路矣。
壬戌　忌
用　甲辰　忌
閒　壬辰　閒　此天干皆水。支逢旺刃。喜其支全卯辰。精英吐秀。所以書香早遂。但木之元神不透。未
閒　壬子　閒　免蹭蹬秋闈。更嫌運逢火地。尤恐壽元不永。交丙運庚午年。水火交戰而亡。
壬子　閒
閒　癸卯　用

忌 戊辰 喜
用 甲子 喜
　 壬子 喜
喜 辛亥 喜

壬水生於仲冬。三逢祿旺。所謂崑崙之水。可順而不可逆也。喜其子辰拱水。則戊土之根不固。月干甲木為用。洩其泛濫之水。此即局中顯奮發之機也。運至丙寅丁卯。寒木得火以發榮。去陰寒之金土。是以早登甲第。翰苑名高。至戊辰運。逆水之情。以致阻壽。

忌 壬辰 忌
忌 壬子 忌
　 甲寅 喜
用 戊辰 喜

甲木生於仲冬。雖日坐祿支。不致浮泛。而水勢太旺。辰土雖能蓄水。喜其戊土透露。辰乃木餘氣。足以止水託根。謂君賴臣生也。所以早登科甲。翰苑名高。一路火土之運。祿位未可量也。

忌 壬寅 喜
忌 壬子 忌
　 壬辰 忌

天干四壬。生於子月。冲奔之勢。最喜寅時。疏其辰土之淤塞。納其壬水之旺神。不驕不傲。秉性穎異。讀書過目不忘。為文倚馬萬言。甲寅入泮。乙卯登科。奈數奇不能得遂所學。至丙辰。冲激旺水。羣比爭財。不祿。

忌 壬寅 用

喜 癸亥 喜
忌 甲子 喜
　 壬申 喜
用 庚子 喜

壬申日元生於子月年時亥子干透癸庚其勢冲奔莫遏也月干甲木凋枯又被金伐之不能納水反用庚金順其氣勢爲人剛柔相濟仁德兼資積學篤行不求名譽初運癸亥從其旺神蔭庇大好壬戌水不通根戌土激之刑喪破耗辛酉庚申入泮補廩又得四子家業日增一交己未激其冲奔之勢連剋三子破耗異常至戊運而亡

喜 甲申 閒
用 丙子 閒
　 壬寅 喜
閒 辛亥 喜

壬水生於仲冬陽刃當權年月木火無根日支食神冲破似乎平常然喜日寅時亥乃木火生地寅亥合則木火之氣愈貫子申會則食神反得生扶所謂財氣通門戶也富有百餘萬凡鉅富之命財星不多只要生化有情即是財氣通門戶若財臨旺地不宜見官日主失令必要比刦助之爲美也

忌 乙卯 忌

壬辰日元天干兩殺通根辰支年干乙木凋枯能洩水而不能制土正剋洩交加最喜

忌 戊子 用　子水當權會局殺刃神清至酉運生水剋木又能化殺科甲連登甲申癸運仕路光亨
忌 壬辰 喜　官至按察未運陽刃受制不祿
忌 戊申 喜

忌 己丑 忌　壬水生於子月官殺並透通根全賴支會水局助起陽刃謂殺刃兩旺惜乎無木秀氣
喜 丙子 用　未吐身出寒微喜其丙火敵寒解凍爲人寬厚和平行伍出身癸酉運助刃幫身得官
　 壬辰 喜　壬申運一歲九遷仕至極品一交未運制刃至丁丑年火土並旺又剋合子水不祿
忌 戊申 喜

忌 癸巳 閒　壬子日元生於仲冬天干又透庚癸其勢泛濫甲木無根不能納水巳火被衆水所剋
閒 甲子 忌　亦難作用故屢次加捐耗財不能得缺雖時支戌土砥定汪洋又有庚金之洩兼之中
　 壬子 忌　運庚申辛酉洩土生水刦刃肆逞有志難伸
忌 庚戌 用

喜 癸亥 閒

閒 甲寅 閒

癸亥 閒

用 甲寅 閒

水木傷官。喜其無財。故繼志書香。嫌其地支寅亥化木。傷官太重。難遂青雲。辛運入泮。亥運補廩。庚戌加捐出仕。己酉戊申二十年。土金生化不悖。仕至別駕。宦囊豐厚。

用 庚戌 忌

忌 戊寅 閒

癸未 忌

喜 癸丑 忌

癸水生於立春後二十六日。正當甲木眞神司令。而天干土金並透。地支丑戌通根。傷官雖當令。而官殺之勢縱橫。即使傷能敵殺。而日主反洩。況未能敵乎。庚金雖是假神。無如日主愛假憎眞。用庚金有二岐之妙。一則化殺官之強。二則生我之日元。時干比肩幫身。又能潤土養金。第中運南方。生殺壞印。奔馳不遇。至甲申運。轉西方。用神得地。得軍功。飛升知縣。乙酉更佳。仕至州牧。一交丙。壞庚印。不祿。

閒 丁卯 喜

癸水生於孟春。支全寅卯辰。東方一氣。格成水木從兒。以時干丙火為用。所謂兒又生

閒 壬寅 喜
癸卯 喜
用 丙辰 喜

兒只嫌壬水爲病喜丁火合壬化木反生丙火轉成生育之意所以早登科甲置身翰苑仕至封疆甲運木火絕地不祿

喜 乙酉 忌
閒 戊寅 用
癸酉 忌
喜 癸丑 忌

癸水生於寅月正水木傷官地支印星並旺酉丑拱金必以寅木爲用才能有餘乙亥運木逢生旺中鄉榜甲戌癸運出仕縣令酉運支逢三酉木嫩金多詿誤落職

忌 丙寅 忌
喜 辛卯 忌
癸酉 喜
喜 戊午 忌

癸水生於仲春洩氣之地兼之財官並旺日元柔弱以印爲夫淸而得用是以秉性端莊勤儉紡織至丑運洩火拱金連生二子戊子運冲去午火不傷酉金夫主登科發甲一交丁酉酉歸矣此造之病實在財旺耳天干之辛丙火合之地支之酉午火破之更兼寅卯當權生火丁亥運合寅化木助起旺神又丁火緊剋辛金不祿宜矣

忌　戊午　忌
忌　乙卯　忌
　　癸卯　忌
用　癸亥　喜

春水多木，過於洩氣，五行無金，全賴亥時比刦幫身，嫌其亥卯拱局，又透戊土，剋洩並見，交戊午運不壽。若據俗說，癸水兩坐長生，時逢旺地，何以不壽？又云食神有壽妻多子，食神生旺勝財官，此名利兩全，多子有壽之格也。總以陰陽生死之說，不足憑也。

喜　丙戌　喜
忌　壬辰　用
　　癸巳　喜
喜　甲寅　喜

癸水生於季春，柱中財官傷三者並旺，印星伏而無氣，日主休囚無根，惟官星當令，須從官星之勢。所喜坐下財星引通傷官之氣，至甲午運，會成火局，生官，雲程直上。乙未出仕，申酉運有丙丁蓋頭，仕途平坦。戊戌運，仕至觀察。至亥運，幫身冲去巳火，不祿。所謂弱之極者，不可益也。

用　丁丑　喜
喜　乙巳　喜
　　癸酉　喜

癸水生於巳月，火土雖旺，妙在支全金局，財官印三者皆得生助，更喜子時刦比幫身，精神旺足。尤喜中年運走北方，異路出身，仕至郡守，名利兩全，七子皆出仕。

喜 壬子 喜
忌 戊子 閒
忌 戊午 忌
癸酉 閒
忌 戊午 忌

癸水生於午月財星並旺坐下印綬年支坐祿未嘗不中和天干三透戊土爭合癸水則日主之情竟無定見地支兩午壞酉而財官之勢不分強弱日主之情自然依財勢而去只有年干正官無財其力量不敵月時兩干之官故將正夫置之不顧矣運至乙卯木生火旺月時兩土仍得生扶年干之土無化而受剋所以夫得疾而死後淫穢異常尤物禍人信哉

用 辛巳 忌
忌 甲午 忌
癸卯 忌
喜 癸亥 喜

癸卯日元生於亥時日主之氣已貫喜其無土財旺自能生官更妙巳亥遙冲去火存金印星得用木火受制體用不傷中和純粹爲人知識深沉器重荊山璞玉才華卓越光浮鑑水珠璣庚運助辛制甲自應台曜高躔朗映紫薇之彩鼎居左列輝騰廊廟之光微嫌亥卯拱木木旺金衰未免嗣息艱難也

用 壬申 喜
忌 丙午 忌
癸亥 喜
忌 戊午 忌

癸水生於仲夏．又逢午時．財官太旺．喜其日元得地．更妙年干刦坐長生．財星有氣．尤羨五行無木則水不洩而火無助．壬水可用．且運走西北．金水得地．遺緒不豐．自扨數十萬．一妻四妾八子．

喜 甲寅 喜
忌 辛未 喜
癸亥 忌
喜 戊午 喜

癸水生於季夏．木火並旺．月干辛金無氣．不能生水．日主雖臨旺地．乃受火土兩逼．時干戊土合神眞而且旺．日主不能不從合矣．初運壬申癸酉．金水並旺．孤苦不堪．至甲戌運．支會火局．出外大得際遇．乙亥．水逢木洩．支得會局．名成異路．財帛豐盈．一交丙子．火不通根．註誤落職．至壬子年不祿．

喜 癸亥 喜
忌 己未 忌
癸亥 喜

此土水相剋．兩氣成象．純殺無制．日主受傷．初走火土之鄉．生助七殺．正是明月清風誰與共．高山流水少知音．一交乙卯運．轉東方．制殺化權．得奇遇．飛升縣令．由此觀之．生局必須食爲美．印局無秀氣不足爲佳．財局身財均敵．日主本氣無傷．又要運程安

忌 己未 忌

頓得好。斯爲全美。一遇破局。則禍生矣。

用 甲寅 喜
忌 壬申 忌
　 癸巳 喜
忌 癸亥 忌

秋水通源。金當令。水重重。木因逢冲不足爲用。火雖休而緊臨日支。況秋初餘氣未熄。用神必在巳火。巳亥逢冲。羣刦紛爭。所以連剋三妻無子。兼之運走北方水地。以致破耗異常。至戊寅己卯運。轉東方。喜用合宜。得其温飽。庚運制傷生刦。又逢酉年。喜用兩傷。不祿。

喜 丁巳 喜
用 戊申 喜
　 癸丑 閒
喜 乙卯 喜

此造官星食神坐祿。印綬當令。逢生財生官旺。不傷印綬。印綬當令。足以扶身。食神得地。一氣相生。五行停勻。安詳純粹。夫榮子貴。受兩代一品之封。

忌 辛丑 忌

此財星坐祿。一殺獨清。似乎佳美。所嫌者。印星太重。丑土生金洩火。丙辛合而化水。以

閒 丙申 忌
閒 癸巳 閒
忌 庚申 忌

財爲劫。兩申合巳。則財更不眞。初運乙未甲午。木火並旺。祖業頗豐。一交癸巳。皆從申合。一敗如灰。竟爲乞丐。

閒 辛卯 忌
忌 丙申 用
癸卯 忌
喜 壬戌 忌

此印綬格。以申金爲用。以丙火爲病。以壬水爲藥。中和純粹。秋水通源。運至癸巳。金水逢生得助。科甲聯登。壬辰藥病相濟。由部屬出爲郡守。至辛卯庚寅。蓋頭逢金。寅卯之木不能生火壞印。所以名利兩全也。

閒 辛卯 忌
忌 丙申 用
癸卯 忌
忌 甲寅 忌

此亦以申金爲用。以丙火爲病。與前造只換一寅字。不但有病無藥。而且生助病神。彼則青錢萬選。名利兩全。此則機杼空拋。守株待兔。更嫌寅申遙冲。卯木助之。印綬反傷。木旺金缺。且月建乃六親之位。未免分荆破斧。資財耗散。惟壬運幫身去病。財源稍裕。辛卯。庚寅。東方無根之金。未能進取。家業不過小康。然格正局眞。印星秉令。所以襟懷曠達。八斗才誇。爭似元龍意氣。五花筆吐。渾如司馬文章獨嫌月透秋陽難免珠沉滄海順受其正莫非命也。

喜 戊戌 喜
用 庚申 喜
　 癸亥 喜
喜 乙卯 喜

此造土生金。金生水。水生木。干支同流。但有相生之誼。而無爭妒之風。戌中財星歸庫。官清印正。食神吐秀。逢生鄉榜出身。仕至黃堂。一妻二妾。子有十三。科第連綿。富有百萬。壽過九旬。

喜 壬辰 喜
閒 己酉 用
　 癸卯 忌
忌 乙卯 忌

癸卯日元。食神太重。不但日元洩氣。而且制煞太過。喜其秋水通源。獨印得用。更妙辰酉合而化金。金氣愈堅。局中全無火氣。清得盡矣。所以早登雲路。名高翰苑。惜中運逢木。仕路不能顯秩也。

忌 癸亥 忌
忌 辛酉 忌
癸丑 忌
忌 壬戌 喜

癸水生於仲秋，支全酉亥丑，爲陰濁，天干三水一辛，逢戌時，陰濁藏火，亥中溼木，不能生無焰之火，喜其運走東南陽明之地，引通包藏之氣，身居鼎甲，發揮素志也。

喜 丙戌 喜
喜 戊戌 喜
癸巳 喜
忌 壬戌 喜

癸水生於季秋，丙火透而通根，化火斯眞，嫌其時透壬水，剋丙，只中鄉榜，直至卯運，壬水絕地，大挑知縣，歷三任而不升，亦壬水奪財之故也。

忌 乙酉 喜
忌 丙戌 用
癸酉 喜

癸酉日元，生於戌月，地支官印相生，清可知矣，所嫌者天干丙財得地，兼之乙木助火剋金，所以書香難遂，喜秋金有氣，異路出身，至巳運逢財壞印，丁艱回籍。

忌 丁巳 忌

喜 壬子 喜
喜 辛亥 喜
癸丑 喜
喜 壬子 喜

地支亥子丑。干透癸辛。局成潤下。喜行運不背。書香早遂。甲寅運秀氣流行。登科發甲。乙卯宦途平坦。由縣令而遷州牧。丙運由原局無食傷之化。羣刦爭財。不祿。

喜 丁丑 忌
忌 辛亥 忌
癸亥 忌
忌 癸亥 忌

地支三亥一丑。天干二癸一丁。陰濁之至。年干丁火。雖不能包藏。虛而無焰。亥中甲木。無從引助。喜其運走南方陽明之地。又逢丙午丁未流年。科甲連登。仕至觀察。

用 甲申 忌

癸水生於仲冬。三逢旺支。其勢汪洋。喜其甲丙並透。支中絕處逢生。水木土互相衛護

喜 丙子 忌　金得流行水得温和木得發榮火得生扶用神必是甲木爲奮發之機一交戊寅雲程
癸亥 忌　直上己卯早遂仕路之光庚辰辛巳雖有制化之情却無生扶之意以致蹭蹬仕路未
忌 癸亥 忌　能顯秩也

用 甲子 喜　癸亥日元年月坐子旺可知矣最喜卯時洩其菁英裏發於表木氣有餘火虛得用謂
喜 丙子 喜　精足神旺喜其無土金之雜有土則火洩不能止水反與木不和有金則木損更助其
癸亥 喜　汪洋其一生無災者緣無土金之混也年登耄耋而飲啖愈壯耳目聰明步履康健見
喜 乙卯 喜　者疑爲五十許人名利兩全子孫衆多

忌 己酉 喜　癸日子月似乎旺相不知財殺太重旺中變弱局中無木混濁不清陰內陽外之象月
忌 丙子 用　透財星其心意必欲變之時逢官殺其心志必欲合之所以權謀異衆才略過人出身
癸未 忌　本微心術不端癸酉得逢際遇由佐貳至觀察奢華逢迎無出其右至未運不能免禍
忌 戊午 忌　所謂欲不除似蛾撲燈焚身乃止如猩嗜酒鞭血方休

閒　丁亥　忌
忌　壬子　忌
　　癸丑　忌
用　甲寅　喜

癸水生於仲冬，支全亥子丑北方一氣，其勢泛濫，一點丁火無根，最喜寅時納水其菁華，甲木夫星坐祿，故爲人聰明，貌美端莊，幽嫻，更喜運走東南木火之地，夫榮秀禄澤有餘。

忌　癸丑　忌
閒　乙丑　忌
　　癸丑　忌
忌　癸丑　忌

此天干三朋，地支一氣，食神清透，殺印相生，皆云名利兩全之格，不知[illegible]季冬支皆溼土，土溼水弱，溝渠之謂也，且水土冰凍，陰晦溼滯，無乜凡富貴之造，寒暖適中，精神奮發，未有陰寒溼滯偏枯之象而能富父母皆亡，讀書又不能通，又無恆業可守，人又陰弱，一無作爲，竟爲乞丐

忌　辛丑　忌
忌　辛丑　忌

此重重溼土，疊疊寒金，癸水濁而且凍，所謂陰之甚，寒之至者也，毫無生發，氣濁神枯，故其人愚昧不堪，一事無成，至戊戌運，生金剋水而夭，以俗論之，兩干不雜，金水館

地支三朋．殺印相生之美．定爲貴格．作名利兩全論．不知夭命．皆類此格．宜深究之

癸酉 忌

忌 癸丑 忌

翻印必究

發行處　千頃[illegible]

經售處　各埠各大書

總發行所上海南京路大慶里三十四號韋氏命苑

32	命學探驪集	【民國】張巢雲	發前人所未發 稀見民初子平命理著作
33	澹園命談	【民國】高澹園	
34	算命一讀通——鴻福齊天	【民國】不空居士、覺先居士合纂	
35	子平玄理	【民國】施惕君	
36	星命風水秘傳百日通	心一堂編	
37	命理大四字金前定	題【晉】鬼谷子王詡	源自元代算命術
38	命理斷語義理源深	心一堂編	稀見清代批命斷語及活套
39－40	文武星案	【明】陸位	失傳四百年《張果星宗》姊妹篇 千多星盤命例 研究命學必備
相術類			
41	新相人學講義	【民國】楊叔和	失傳民初白話文相術書
42	手相學淺說	【民國】黃龍	民初中西結合手相學經典
43	大清相法	心一堂編	重現失傳經典相書
44	相法易知	心一堂編	
45	相法秘傳百日通	心一堂編	
堪輿類			
46	靈城精義箋	【清】沈竹礽	沈氏玄空遺珍 玄空風水必讀
47	地理辨正抉要	【清】沈竹礽	
48	《玄空古義四種通釋》《地理疑義答問》合刊	沈瓞民	
49	《沈氏玄空吹虀室雜存》《玄空捷訣》合刊	【民國】申聽禪	
50	漢鏡齋堪輿小識	【民國】查國珍、沈瓞民	
51	堪輿一覽	【清】孫竹田	失傳已久的無常派玄空經典
52	章仲山挨星秘訣（修定版）	【清】章仲山	章仲山無常派玄空珍秘 門內秘本首次公開 沈竹礽等大師尋覓一生未得之珍本！
53	臨穴指南	【清】章仲山	
54	章仲山宅案附無常派玄空秘要	心一堂編	
55	地理辨正補	【清】朱小鶴	玄空六派蘇州派代表作
56	陽宅覺元氏新書	【清】元祝垚	簡易・有效・神驗之玄空陽宅法
57	地學鐵骨秘　附　吳師青藏命理大易數	【民國】吳師青	釋玄空廣東派地學之秘
58－61	四秘全書十二種（清刻原本）	【清】尹一勺	玄空湘楚派經典本來面目 有別於錯誤極多的坊本

62	地理辨正補註 附 元空秘旨 天元五歌 玄空精髓 心法秘訣等數種合刊	【民國】胡仲言	貫通易理、巒頭、三元、三合、天星、中醫
63	地理辨正自解	【清】李思白	公開玄空家「分率尺、工部尺、量天尺」之秘
64	許氏地理辨正釋義	【民國】許錦灝	民國易學名家黃元炳力薦
65	地理辨正天玉經內傳要訣圖解	【清】程懷榮	秘訣一語道破，圖文并茂
66	謝氏地理書	【民國】謝復	玄空體用兼備、深入淺出
67	論山水元運易理斷驗、三元氣運說附紫白訣等五種合刊	【宋】吳景鸞等	失傳古本《玄空秘旨》《紫白訣》
68	星卦奧義圖訣	【清】施安仁	
69	三元地學秘傳	【清】何文源	
70	三元玄空挨星四十八局圖說	心一堂編	三元玄空門內秘笈 清鈔孤本 過去均為必須守秘不能公開秘密 與今天流行飛星法不同
71	三元挨星秘訣仙傳	心一堂編	
72	三元地理正傳	心一堂編	
73	三元天心正運	心一堂編	
74	元空紫白陽宅秘旨	心一堂編	
75	玄空挨星秘圖 附 堪輿指迷	心一堂編	
76	姚氏地理辨正圖說 附 地理九星并挨星真訣全圖 秘傳河圖精義等數種合刊	【清】姚文田等	
77	元空法鑑批點本——附 法鑑口授訣要、秘傳玄空三鑑奧義匯鈔 合刊	【清】曾懷玉等	蓮池心法 玄空六法 門內秘鈔本首次公開
78	元空法鑑心法	【清】曾懷玉等	
79	曾懷玉增批蔣徒傳天玉經補註【新修訂版原（彩）色本】	【清】項木林、曾懷玉	
80	地理學新義	【民國】俞仁宇撰	
81	地理辨正揭隱（足本） 附連城派秘鈔口訣	【民國】王邈達	揭開連城派風水之秘
82	趙連城傳地理秘訣附雪庵和尚字字金	【明】趙連城	
83	趙連城秘傳楊公地理真訣	【明】趙連城	
84	地理法門全書	仗溪子、芝罘子	巒頭風水，內容簡核、深入淺出
85	地理方外別傳	【清】熙齋上人	巒頭形勢、「望氣」「鑑神」
86	地理輯要	【清】余鵬	集地理經典之精要
87	地理秘珍	【清】錫九氏	巒頭、三合天星，圖文並茂
88	《羅經舉要》附《附三合天機秘訣》	【清】賈長吉	清鈔孤本羅經、三合訣法圖解
89-90	嚴陵張九儀增釋地理琢玉斧巒	【清】張九儀	清初三合風水名家張九儀經典清刻原本！